LA VIE

DU DUC D'ORLÉANS.

« Vous y trouverez la pensée d'un homme qui tient à mettre dans le plus grand honneur possible le dévouement souvent méconnu de ceux qui, dans nos temps difficiles, se font, sous l'habit militaire, les prêtres du devoir et de l'abnégation personnelle. »

FERDINAND-PHILIPPE D'ORLÉANS.

« Un dernier adieu à ce prince accompli, qui avait été élevé comme vous, au milieu de vous et pour vous !... Une vie, espoir de toute une nation, pleine déjà de services et de vertus !... Un trône ébranlé, si Dieu ne lui avait donné pour garde un peuple libre et une réserve de quatre princes, émules de celui qui n'est plus !... »

P.-F. DUBOIS, *député de Nantes.*

LA VIE

DE S. A. R.

FERDINAND-PHILIPPE-D'ORLÉANS,

DUC D'ORLÉANS,

PRINCE ROYAL,

racontée

AU 5.e BATAILLON DES CHASSEURS D'ORLÉANS.

NANTES,

IMPRIMERIE DE CAMILLE MELLINET.

1842.

LA VIE

DE S. A. R.

FERDINAND-PHILIPPE-D'ORLÉANS,

DUC D'ORLÉANS,

PRINCE ROYAL,

racontée

AU 3.e BATAILLON DES CHASSEURS
D'ORLÉANS.

A vous, soldats, point de grandes phrases, point de rhétorique citadine, mais le simple langage d'un cœur à l'unisson des vôtres, pour vous dire la vie d'un soldat, un des meilleurs soldats de notre armée, comme un des meilleurs citoyens de notre France, la vie de celui qui fut à la fois votre frère d'armes et votre chef d'armes, qui fut votre émule sur le champ de bataille, votre défenseur dans ce monde égoïste, où l'on ne sait pas toutes les souffrances de la belle et noble vie du soldat, si utile à la patrie, en dehors de cette vaniteuse et vantarde ambition de l'existence politique, la vie de celui qui avait envié l'honneur de mourir dans vos rangs ou de s'illustrer à la tête de l'armée française.

Cette vie commença dans l'exil, à Palerme, le 3 septembre 1810, sous le nom de duc de Chartres.

Il avait quatre ans, lorsque, en 1814, on le vit, en touchant la rive de France, se jeter à genoux et joindre ses jeunes mains pour remercier Dieu de lui rendre la patrie à laquelle il jurait de se consacrer. Cet instinct de patriotisme se révélait partout en lui. Quand il voyait l'étoile de Napoléon sur une poitrine de soldat, il aimait à faire le salut militaire à celui qui portait ce signe de l'honneur, et dès qu'il sut lire, il chercha avidement les récits glorieux des actions de guerre de notre armée.

Son aptitude pour l'étude se développa rapidement ; mais à un prince, ce n'est pas l'instruction seulement qui convient, c'est aussi l'étude des hommes avec lesquels il doit vivre : son père comprit cette éducation pour l'avenir de son fils, et ce fut dans les colléges publics, qu'il alla s'asseoir auprès des enfants des plus simples citoyens, afin de s'initier aux mêmes connaissances, en partageant la même existence. Plusieurs prix furent obtenus par lui au concours général de l'Université. Les applaudissements de ses condisciples témoignèrent qu'aucune faveur ne les avait décernés.

Un travail très-actif signala sa jeunesse : en dehors de l'Université, des professeurs particuliers, pour lesquels il a gardé reconnaissance et amitié, l'initièrent à l'histoire, à la géographie, aux mathématiques et aux diverses sciences qui s'y rattachent, en même-temps que des officiers distingués lui dévoilèrent les principes de l'art militaire.

Comme il n'oubliait jamais qu'il devait être à la fois soldat et citoyen, soldat surtout, ses récréations furent des exercices gymnastiques qui développèrent sa bonne constitution, et lui donnèrent cet aspect de force et d'élégance qui le distinguait.

En dehors de la patrie, sa naissance devait le mettre en relation avec l'étranger, dans l'intérêt même de la France, et il apprit plusieurs langues modernes, entre autres, l'anglais, l'italien et l'allemand qu'il parlait avec une extrême facilité.

Il conserva pour ses camarades de classes la même affection qu'il a toujours eue pour ses frères d'armes.

En 1824 (il avait alors 14 ans), il suivit son père dans un voyage en Angleterre et en Écosse, et y fit personnellement des observations sur les diverses institutions de ce pays.

A son retour, entré dans l'armée, où l'appelaient tous ses désirs, il reçut, le 30 septembre 1824, le commandement du 1.er régiment de hussards au camp de Lunéville. Il commençait sa carrière publique : il y arrivait avec la défiance de la cour d'alors : une extrême réserve et une loyauté parfaite, lui valurent l'estime générale, et forcèrent l'envie au silence.

C'est de son premier régiment qu'il disait, en honorant l'esprit de corps que tous ses efforts tendirent ensuite à maintenir dans l'armée :

« L'esprit de corps est le premier élé-
» ment des bonnes armées, le mobile
» des grandes actions. C'était le dra-
» peau d'une troupe que j'aime comme
» ma première famille militaire. »

Dès lors il eut la pensée, dont il commença plus tard la réalisation, d'une histoire des divers corps de l'armée française. Citons donc ses belles paroles, que l'armée ne saurait trop relire, et qu'elles soient en même temps le récit de l'action que prit le prince à la révolution de 1830 :

« L'époque pendant laquelle j'ai com-
» mandé le régiment, du 30 septembre
» 1824 au 1.er janvier 1832, a été fé-
» conde en grandes vicissitudes politi-
» ques, pauvre en événements militai-
» res ; et la plupart des circonstances
» importantes de cette période, sont
» en dehors du cadre dans lequel doit
» se renfermer l'historien militaire.

» Dans ma pensée, l'historique d'un
» régiment écrit pour le soldat et par
» un soldat, doit avoir un cachet guer-
» rier, une couleur militaire, et ne
» rappeler que des souvenirs auxquels
» la politique soit complétement étran-
» gère. Dans les événements où la po-
» litique joue un rôle principal, l'écri-
» vain doit extraire de l'ensemble de
» faits qui appartiennent à l'histoire gé-

» nérale du pays, la partie exclusive-
» ment militaire.

» Ainsi, ce qui s'est passé en juillet
» 1830, lorsque je fis prendre la cocarde
» tricolore à mon régiment, ne me pa-
» raît pas devoir être rapporté en détail;
» ce sont des résolutions politiques qui
» me furent propres, et dont j'assumai
» dès lors toute la responsabilité sur
» moi; sous le point de vue militaire,
» elles ne prouvent que la bonne disci-
» pline du corps et une confiance dans
» son jeune chef qui m'a vivement
» touché, et qui porta le régiment tout
» entier à se lancer avec moi (au milieu
» d'une crise dont le dénoûment était
» incertain et inconnu) dans le parti
» national auquel nous fûmes les pre-
» miers de l'armée à nous joindre.

» J'exécutai l'ordre qui m'avait été
» donné, au nom du lieutenant-général
» du royaume, par le général Gérard,
» commissaire provisoire au départe-
» ment de la guerre. Je remis au régi-

» ment, avant de partir, un étendard
» tricolore donné par la ville de Joigny,
» et nous arrivâmes à Paris sans laisser
» un homme ni un cheval en arrière
» pendant une marche précipitée que
» la chaleur et l'accueil empressé des
» populations rendaient encore plus pé-
» nible.

» L'arrivée du 1.er de hussards à
» Paris, où il fut la première troupe
» régulière qui parût portant la cocarde
» tricolore (car la garnison de Paris ne
» sortait pas de ses casernes), fut le
» signal de la réconciliation de la popu-
» lation et de l'armée, et ce résultat si
» important s'opéra sans que la disci-
» pline militaire de mon régiment reçût
» la plus légère atteinte, à une époque
» où toute l'armée était ébranlée. »

Le duc d'Orléans ayant été appelé au
trône, par le vœu national, sous le nom
de *Louis-Philippe*, roi des Français,
son fils aîné, devenu prince royal, prit
le titre de duc d'Orléans.

C'est sous ce nom qu'on le suivit avec intérêt dans toutes nos solennités nationales.

Lorsque les drapeaux de nos victoires furent placés à la Chambre des Pairs, en 1831, le jeune duc d'Orléans les salua de ces exclamations patriotiques :

« Puissent ces drapeaux rappeler à
» tous, au-dedans et au-dehors, de quels
» efforts la France est capable sous les
» couleurs que la nation a si glorieuse-
» ment reconquises et dont je serai tou-
» jours, après le roi, le plus ferme sou-
» tien et le plus zélé défenseur. »

Ce fut avec cette pensée qu'il alla faire la campagne de Belgique, à la tête de son régiment, le 1.er hussards, auquel, avant le départ, le 5 août 1831, il adressa cette énergique allocution :

» Braves camarades, la Hollande, au
» mépris des traités, attaque aujour-
» d'hui la généreuse nation Belge. La
» Belgique, notre alliée, réclame le
» secours de la France. Que demain,

» à six heures, notre régiment soit en
» marche. Camarades, c'est en face de
» l'ennemi que je prouverai que je suis
» aussi digne que fier de marcher à
» votre tête. »

On sait qu'il donn a cette preuve.

« Le régiment (commandé par le duc
» d'Orléans), sortit de Paris (suivant
» les expressions même du prince),
» comme il y était entré un an aupara-
» vant, au milieu d'une véritable ova-
» tion et des témoignages les plus vifs
» d'affection de la population.... L'ex-
» pulsion des Hollandais s'accomplit par
» le seul fait de l'apparition de l'armée
» française. » Le duc d'Orléans rentra
en France.

La bravoure au combat n'était qu'une
vertu de famille : le duc d'Orléans té-
moigna d'un dévouement moins com-
mun, en allant visiter les cholériques
dans les hôpitaux de Paris, et en ten-
dant une main d'encouragement à tous
ces malheureux qui retrouvaient ainsi

un espoir qui rendit à plusieurs d'entre eux le courage et la vie. C'est surtout aux soldats éloignés de leurs familles, que le duc d'Orléans alla porter ces consolations qu'un père eût prodiguées à ses enfants, et qui, renouvelées quelques années plus tard, lui firent voter une médaille d'or par la ville de Paris.

Ses bienfaits furent plus grands encore, lorsqu'il alla porter l'espérance dans le cœur des Lyonnais, à la suite de l'horrible guerre civile qui avait ensanglanté cette cité manufacturière, et sa voix y rendit la confiance lorsqu'il répondit aux félicitations du maire de Lyon :

« Sincèrement dévoué à la révolution » de juillet, aux institutions libérales » dont elle a doté la France, et à l'in- » dépendance de notre patrie, je suis » résolu à les défendre au prix de mon » sang. Le voyage que j'entreprends au- » jourd'hui a surtout pour but de donner » aux défenseurs de nos institutions » toute la confiance qu'ils doivent avoir

» dans l'appui du roi mon père, et d'en-
» lever en même temps aux factions
» ennemies cette jactance qui leur tient
» si souvent lieu de force et de courage. »

Au moment où la sédition républi-
caine de juin 1832 eut lieu à Paris, en
coïncidant malheureusement avec l'insurrection vendéenne, le prince royal
se trouvait à Marseille, et il faisait al-
lusion aux événements de Paris et de la
Vendée, dans cette réponse au corps
municipal :

« Entre la France et le roi existe une
» union indissoluble, dont le but est la
» défense de la révolution et des insti-
» tutions de juillet. La patrie et le roi
» seront toujours unis pour défendre
» ces institutions, soit que leurs enne-
» mis arborent le drapeau rouge, comme
» à Paris, soit qu'ils arborent, comme
» en Vendée, le drapeau blanc.

Nommé maréchal-de-camp en 1832,
il eut sous ses ordres la brigade d'avant-
garde en entrant en Belgique, prit part

au siége d'Anvers, et y commanda la
tranchée, à son tour, quoiqu'il fût général de cavalerie ; mais il ne voulait
pas qu'on pût dire qu'il eût évité un
seul danger de la guerre.

Il n'était étranger à rien de ce qui
pouvait soulager ou améliorer le sort des
classes laborieuses : ainsi, à Nantes, sur
la demande de M. Robineau de Bougon,
colonel de la garde nationale, ancien of-
ficier du génie, pour qui le prince royal
avait la plus haute estime et dont il
connaissait et les honorables services
militaires (1), et les bienfaits rendus à
Nantes, le duc d'Orléans accepta le titre
de président-honoraire de la Société
Industrielle, qu'il combla de ses bienfaits ; en outre, il accorda une très-forte
subvention pour l'Établissement des
Salles d'Asiles, et dans les communications qui s'établirent entre le prince
royal et le président de la Société In-

(1) M. Robineau de Bougon avait été blessé au
siége de Mantoue, en Italie.

2

dustrielle, l'armée d'Afrique fut plus d'une fois en cause, car M. Robineau de Bougon, frère de la mère du général La Moricière, se plaisait lui-même à provoquer la conversation sur la guerre algérienne.

Dans cette même année, le duc d'Orléans fit un voyage en Angleterre, et y reçut d'unanimes hommages.

Autant le duc d'Orléans désirait les champs de bataille, autant il se désolait de la guerre civile : il lui fallait toute sa fermeté de caractère pour se dominer, dans ces circonstances, par le sentiment du devoir, qui lui inspirait toujours une extrême modération dans la fermeté même. Il en fit preuve dans l'insurrection d'avril 1834, quand, auprès du brave général Bugeaud, il affronta les balles d'une jeunesse qui prodiguait une vie qu'elle eût dû employer plus utilement pour la patrie.

Partout où le drapeau français se trouvait en face d'un ennemi, le cœur du

duc d'Orléans s'unissait à toute action de
laquelle une part quelconque de gloire
pouvait rejaillir sur l'armée française.
Aussitôt qu'il sut l'expédition de Mascara, il résolut d'en faire partie. Il y fit
preuve d'un courage et d'un dévouement qui faillirent lui coûter la vie, car
il subit toutes les souffrances d'une
dysenterie, provenue des fatigues de
la guerre.

Débarqué à Alger le 10 novembre
1835, il alla prendre part à la première
expédition de Mascara, où il entra le 6
décembre, après avoir, à l'avant-garde,
partagé les veilles, les périls, les fatigues du soldat. Dans l'attaque du bois
de l'Habra, n'écoutant que son courage,
il se jeta lui-même au milieu de l'infan-
térie, qu'il anima de son exemple. Dans
ce fait d'armes, remarquable par l'im-
pétuosité que lui communiqua le prince
royal, il fut frappé par une balle morte,
à la cuisse, au-dessus du genou.

Sa conduite fut, dans cette campagne,

à la fois si pleine de bravoure et de modeste dévouement, qu'aux félicitations adressées au roi au premier de l'an 1836, chaque corps de l'état exprima à S. M. l'émotion que la France avait ressentie :

« Son patriotisme, répondit le roi,
» l'a emporté sur les rivages de l'Afri-
» que ; il était impatient de courir les
» mêmes chances que nos soldats, et de
» s'associer à la fortune et aux dangers
» de notre brave armée, partout où
» elle était appelée à soutenir l'honneur
» des armes françaises et la gloire de
» nos drapeaux. »

En 1836, le duc d'Orléans fit un voyage en Allemagne, et ses manières distinguées, y détruisirent bien des préventions contre la famille royale de France. Il y obtint tous les suffrages par l'élégance de ses manières, et l'on comprend comment son mariage s'y contracta facilement avec la duchesse de Mecklembourg, citée comme une des femmes les plus distinguées de l'Allemagne par son esprit et son cœur. Le roi de Prusse actuel disait au roi Léopold, en traversant la Belgique quelques mois avant la mort du duc d'Orléans : « On dira tout ce que l'on voudra de l'origine du pouvoir de la famille qui règne aujourd'hui sur la France ; mais ce que personne n'empêchera, c'est que la France ne soit le seul pays d'Europe qui possède un prince héréditaire vraiment à la hauteur de sa mission. »

A l'occasion de son mariage, les chambres ayant voté un million au prince royal, il en fit un noble usage en distribution de livrets aux caisses d'épargnes pour de jeunes enfants d'ouvriers, en de nombreuses libéralités envers des familles pauvres, en une fondation de bourses à l'École Militaire pour les sous-officiers qui seraient admis à cette école militaire par suite de leurs examens, en travaux créés pour les ouvriers de Lyon, et en diverses autres dépenses.

Le duc d'Orléans avait de ces paroles guerrières qui donnent l'élan à une armée, et la rendent capable des plus grandes actions. C'est ainsi qu'au camp de Compiègne, le 1.er octobre 1837, une acclamation d'enthousiasme accueillit cette chaleureuse allocution :

« C'est surtout dans les grandes réu-
» nions de troupes que le contact des
» différents corps retrempe l'esprit mi-
» litaire : cette vie des armées est le
» feu sacré sans lequel elles devienent
» inutiles et même dangereuses. A me-
» sure que l'orizon s'agrandit, chacun
» de nous prend une idée plus élevée
» de ses devoirs, et le fardeau se trouve
» allégé, lorsqu'on songe que pendant la
» paix l'armée a aussi une mission à
» remplir. Elle est un puissant moyen
» de civilisation. C'est surtout par l'ar-
» mée que peut se résoudre une des
» difficultés des sociétés modernes, l'al-
» liance de l'énergie et des passions
» ardentes avec l'esprit d'ordre, de hié-

» rarchie et de discipline. Chaque année
» l'armée rend au pays les hommes que
» la France lui a confiés, et, grâce à
» vos soins, ces hommes rentrent dans
» la population meilleurs et plus utiles
» à la patrie ; car ils ne sont pas seu-
» lement devenus des instruments de
» guerre, mais ils ont été formés bons
» citoyens ayant la connaissance de
» leurs devoirs et l'habitude de les
» remplir. »

Chez le duc d'Orléans, le sentiment
de nationalité était une sorte de culte.
Ainsi, dans ses appartements, tout était
de fabrique française. « Je ne veux rien,
» disait-il, qui vienne de l'étranger. »

Le duc d'Orléans fit une nouvelle ex-
cursion en Algérie, en octobre 1839,
et lorsque les chefs de tribus soumises
lui furent présentés à Philippeville, le
prince leur dit avec dignité :

« La France est puissante et porte
» bonheur à qui se met sous sa protec-
» tion.

» Soyez fidèles à la France , et vous
» serez plus heureux que vous n'avez
» jamais été. »

Le 12 octobre il entra dans Constantine, et son premier acte fut d'aller
saluer le tombeau du colonel Combes.

Le prince, au retour, visita tous les
points du vaste territoire que l'empire
des armes a soumis à la domination française. Sa sollicitude s'étendit aux moin-
dres particularités de la vie du soldat,
et l'armée a conservé le souvenir d'une
foule de traits partis du cœur, qui auraient suffi pour mériter au prince la
confiance et l'affection des troupes, s'il
ne les eût obtenues d'avance.

Il commanda une division dans l'expédition des Portes-de-Fer qu'il traversa
le 28 octobre. Il occupa Hamza le 30
octobre. Il conduisit avec vigueur les
combats, du 31 octobre et du 1.er novembre dans lesquels les Arabes furent
culbutés par sa division, en pénétrant
dans le massif de l'Atlas.

Dans cette grande entreprise (de plus de 120 lieues), suivant les expressions du rapport du gouverneur-général, le prince royal, dans un commandement important, acquit de nobles titres à l'affection des peuples et de l'armée. La France fut fière d'apprendre que le fils aîné de son roi avait inscrit le premier son nom sur les Portes-de-Fer.

Le 2 novembre, le prince royal, avant de rentrer dans Alger, massa ses troupes à la hauteur de la Maison Carré, et l'armée reçut ses adieux :

« L'honneur d'avoir marché à votre
» tête dans cette circonstance mémora-
» ble sera toujours un des plus beaux
» souvenirs de ma vie : votre campagne
» est finie aujourd'hui, Messieurs ; ma
» tâche à moi va commencer : c'est de
» faire connaître les titres que vous ac-
» quérez chaque jour à la reconnais-
» sance de la patrie et aux récompenses
» du roi dans ce pays difficile, où tout
» s'use, excepté le cœur des hommes

» énergiques comme vous. En cessant
» d'être votre chef et le compagnon de
» vos travaux, je resterai l'ardent dé-
» fenseur de vos droits : la cause est
» bonne : puissé-je la gagner ! Je dirai
» toutes les grandes choses que l'armée
» a faites en Afrique, toutes les épreu-
» ves qu'elle subit avec un dévouement
» d'autant plus admirable, qu'il est sou-
» vent ignoré et quelquefois méconnu.
» Dans les pays inconnus que nous avons
» traversés ensemble, je ne me suis
» pas cru absent de la France ; car la
» patrie est pour moi partout où il y a
» un camp français ; je ne me suis pas
» cru éloigné de ma famille, car j'en ai
» trouvé une au milieu de vous et parmi
» les soldats dont j'ai admiré la persé-
» vérance dans les fatigues, la résigna-
» tion dans les souffrances, le courage
» dans le combat. La plupart d'entre
» vous ont déjà presque entièrement
» payé dans ce pays la dette que leur a
» imposée le service de la patrie, et si

» de nouvelles circonstances me rappe-
» laient en Afrique , je n'y trouverais
» que de nouveaux régiments auxquels
» vous avez montré l'exemple ; mais
» partout où le service de la France
» vous appellera , vous me verrez ac-
» courir au milieu de vous, et là où
» sera votre drapeau , là sera toujours
» ma pensée. »

La coloune , après avoir fait halte
pendant une heure à la Maison Carré ,
se dirigea sur Alger.

La foule se pressait de toutes-parts ;
les populations européenne et indigène
faisaient entendre de longues et solen-
nelles acclamations.

Le prince répondit aux félicitations
qui lui furent adressées :

« Je suis fier d'avoir pu associer mes
» efforts à ceux des braves qui m'en-
» tourent, pour donner à la colonie un
» nouveau gage de stabilité et d'avenir,
» sans compromettre une paix dont elle
» retire déjà de précieux avantages. Je

» m'enorguillis de rentrer par la bonne
» porte, par la porte de terre, dans la
» capitale de cette nouvelle France,
» que l'armée a conquise, sillonnée de
» routes, couverte de beaux et d'utiles
» travaux, et que vous saurez tous fé-
» conder, peupler et rendre digne de
» la mére-patrie. »

Dans un banquet offert par le prince
aux troupes de sa division, officiers,
sous-officiers et soldats. il porta cette
santé qui doit, soldats, à jamais rester
gravée dans vos cœurs, et que vous pour-
rez reporter avec orgueil dans vos familles, lorsque vous reverrez la France :

« A l'armée d'Afrique :

» A cette armée qui a conquis à la
» France un vaste et bel empire, ou-
» vert un champ illimité à la civilisa-
» tion, dont elle est l'avant-garde, à la
» colonisation, dont elle est la première
» garantie !

» A cette armée qui, maniant tour à
» tour la pioche et le fusil, combat-

» tant alternativement les Arabes et la
» fièvre, a su affronter, avec une rési-
» gnation stoïque, la mort sans gloire
» de l'hôpital, et dont la brillante valeur
» conserve dans notre jeune armée les
» traditions de nos légions les plus cé-
» lèbres !

» A cette armée compagne d'élite de
» la grande armée française qui, sur le
» seul champ de bataille réservé à nos
» armes, doit devenir la pépinière des
» chefs futurs de l'armée française, et
» qui s'enorgueillit justement de ceux
» qui ont déjà percé à travers ses rangs !

» A cette armée qui, loin de la pa-
» trie, a le bonheur de ne connaître les
» discordes intestines de la France que
» pour les maudire, et qui, servant
» d'asile à ceux qui les fuient, ne leur
» donne à combattre, pour les intérêts
» généraux de la France, que contre
» la nature, les Arabes et le climat !

» Au chef illustre qui a pris Constan-
» tine, donné à l'Afrique française un

» cachet ineffaçable de permanence et
» de stabilité, et fait flotter nos dra-
» peaux là où les Romains avaient évité
» de porter leurs aigles!

» C'est au nom du roi, qui a voulu
» que quatre fois ses fils vinssent pren-
» dre leur rang de bataille dans l'armée
» d'Afrique, que je porte ce toast.

» C'est au nom de deux frères dont
» je suis justement fier, dont l'un vous
» a commandés dans le plus beau fait
» d'armes que vous ayez accompli, et
» dont l'autre s'est vengé au Mexique
» d'être arrivé trop tard à Constantine,
» que je porte cette santé.

» A la gloire de l'armée d'Afrique!»

A ce moment, un immense cri de
vive le roi! vive le duc d'Orléans!
s'élança de toutes les tables: le canon,
qui saluait la santé du roi, se fit encore
entendre, et la population, entraînée
par l'enthousiasme des troupes, répondait de toutes parts: *Vive le roi! vive
le duc d'Orléans!* Alors M. Salaün

Penquer, un breton, le plus ancien des
lieutenants qui avaient assisté à l'expédition, s'approcha du prince et lui offrit
au nom de ses camarades de tous les
corps, au nom de l'armée qui l'entou-
rait, une palme d'honneur, cueillie dans
les Portes-de-Fer même, et que, par
une heureuse pensée, on avait conser-
vée verte encore.

« Monseigneur, dit M. Salaün Penquer, cette palme vous est offerte par
votre division. Cueillie au Biban par les
mains des soldats, emblême de toutes
les vertus guerrières dont vous leur
avez si noblement donné l'exemple dans
la mémorable expédition que vous venons de faire, ils ne doutent pas qu'elle
ne vous soit précieuse et que vous ne
l'acceptiez comme un gage de leur amour
et de leur reconnaissance. *Vive le duc
d'Orléans !* »

Le prince royal répliqua, en se tour-
nant vers M. le maréchal :

« M. le maréchal, vous avez été mon

» chef dans la mémorable circonstance
» dont cette palme est destinée à me
» retracer le souvenir; le bonheur que
» j'éprouve à la recevoir serait incom-
» plet, si votre suffrage ne se joignait
» pas à celui des braves de qui je la
» tiens. Je vous demande la permission
» de l'accepter. »

« La voix des soldats est la voix de
Dieu, Monseigneur, » répondit le maréchal, profondément ému, en faisant
un signe d'assentiment.

Le prince royal reprit ensuite, en se
retournant vers les officiers et sous-
officiers de la division :

« Je ne pourrai jamais vous exprimer
» combien je suis ému et touché : je
» contracte en ce moment vis-à-vis de
» vous une dette que je ne sais si je
» pourrai jamais acquitter. Dans les
» moments difficiles, je me rappellerai
» que j'ai reçu cette palme de ceux
» dont l'héroïque persévérance emporta
» Constantine d'assaut; dans les priva-

» tions, je me rappellerai qu'elle me fut
» donnée par des hommes dont aucune
» souffrance ne lassa l'énergie ; et quand,
» au jour du danger , je vous représen-
» terai cette palme, vous vous souvien-
» drez à votre tour que vous l'avez
» cueillie dans des lieux réputés inac-
» cessibles , et vous saurez prouver
» alors que rien n'est impossible à des
» soldats français. »

En retrouvant la France , le duc d'Orléans excita un véritable enthousiasme
à Marseille, et tous les hommes de cœur
se rappellent sa réponse au maire de
Marseille :

« Je m'applaudis de pouvoir recon-
» naître les grands pas faits vers l'apai-
» sement des dissensions politiques et
» vers ce rapprochement de tous les
» Français pour concourir à un même
» but, la prospérité, la grandeur , la
» liberté et le repos de la France. »

A Lyon , sa réplique à des félicitations sur sa participation à la guerre

d'Afrique, fut aussi simple que modeste.

Depuis plusieurs années, le duc d'Orléans s'occupait sans relâche de l'organisation de l'armée, qui subissait, sous son influence, mais sans sortir de l'ordre constitutionnel, qui laissait au ministre de la guerre la volonté et la faculté de rejeter ou d'adopter les mesures proposées par le prince. D'ailleurs, jamais nul n'eut plus de déférence pour l'illustre guerrier dont la noblesse nationale fut acquise par le sang versé sur le champ de bataille, cette antique et première noblesse des armes qui se reçoit par le baptême du feu et se consacre par les victoires, celle qui a rendu à jamais célèbre le nom de Soult de Dalmatie, ce nom qui s'inscrira dans cette mythologie napoléonienne, à laquelle l'avenir aura peine à croire, et qui ne se rattachera pas avec moins de grandeur aux plus mémorables événements de l'époque plus récente pour lesquels l'histoire sera plus juste que les contemporains.

Sous la commune action du premier ministre et du premier prince, l'armée reçut donc de notables améliorations. Le duc d'Orléans, en en partageant les combats et les fatigues, en s'instruisant de la guerre à la guerre même, s'empressa de saisir toute occasion de payer de sa personne dans les lieux où le sang français pouvait couler. C'est là qu'il se convainquit que l'armée française, si redoutable à l'ennemi, la baïonnette à la main, par la bravoure individuelle de ses hommes, comme par le sentiment de gloire qui la guide, avait beaucoup à apprendre pour l'emploi assuré des armes à feu.

L'armée était pour lui, grande et belle; mais, admirable dans son ensemble, elle manquait à sa tâche dans certaines parties: la grande tradition militaire de l'empire redisait l'indomptable courage de nos pères; mais elle disait aussi leur imprévoyance: elle rappelait combien de français, dans les gorges du

Tyrol, étaient tombés sous la balle adroite du montagnard. L'Empire est la plus belle histoire de la baïonnette : à la baïonnette le duc d'Orléans voulut ajouter l'habileté du tir, et c'est avec cette pensée qu'il créa les chasseurs à pied, qui ont réalisé le vieux proverbe que *le soldat doit avoir assaut de lévrier, fuite de loup, défense de sanglier*; ces soldats si bien formés que l'armée les appelait, avec une sorte d'envie, *les pupilles d'Orléans*, et qu'on craignait qu'il n'en fît une garde royale. Le duc d'Orléans dissipa promptement toutes ces craintes en prouvant à l'armée que tous les soldats étaient ses frères d'armes, par l'esprit d'égalité qui présida à l'organisation des dix bataillons de chasseurs à pied, à Saint-Omer, sous l'habile direction du général Rostolan, et sur le modèle de l'intrépide bataillon de tirailleurs de Vincennes, qui avait fait ses preuves en Algérie, sous le commandement du colonel nantais Pitre Grobon.

Par l'exemple d'un seul bataillon, on
verra qu'il n'y eut ni exclusion ni privilége; les chasseurs à pied ne furent
qu'un extrait de l'infanterie.

Chasseurs du 5.e, votre bataillon fut
créé à l'unisson des neuf bataillons de
vos frères d'armes ; à votre première
organisation, vous avez eu pour état-
major : Emile Mellinet, *chef de bataillon* (sorti du 35.e de ligne); de La-
presle, *capitaine - major* (du 7.e);
de Labareyre, *capitaine-adjudant-
major* (du 10.e léger); Dufour, *sous-
lieutenant, trésorier* (du 10.e léger);
Couronne, *lieutenant d'habillement*
(du 39.e); Minié, *sous-lieutenant ins-
tructeur* (du 56.e); Brisset, *chirur-
gien-aide-major* (de l'armée d'Afrique). Vos *capitaines* sont d'Exea (du
2.e bataillon d'infanterie légère d'Afrique), de Jouvancourt (du 26.e), de
Luxer (du 20.e léger), Charles Dubois
(du 19.e), Dufour de Montlouis (des
Zouaves), de Pontual (du 50.e), de Dor-

lodot (du 19.ᵉ léger). Vos *lieutenants :* Lefort (du 59.ᵉ), Montaudon (du 11.ᵉ), Pierre Dubois (du 50.ᵉ). De Lastic (du 24.ᵉ), de Courson (du 55.ᵉ), Daillé (du 17.ᵉ léger), d'Hennezel (du 9.ᵉ). Vos *sous - lieutenants :* Joba (du 20.ᵉ), Guiomar (du 12.ᵉ), Meynaud du 16.ᵉ), de Raymond (du 19.ᵉ), Liotet (du 25.ᵉ), Guilhem du (3.ᵉ léger), de Basterot des Granges (du 60.ᵉ), Darriule (de l'Ecole Militaire). Votre troupe se compose de 14 hommes du 2.ᵉ de ligne, 12 du 3.ᵉ, 16 du 4.ᵉ, 13 du 5.ᵉ, 15 du 6.ᵉ, 17 du 7.ᵉ, 15 du 8.ᵉ, 15 du 9.ᵉ, 17 du 10.ᵉ, 14 du 11.ᵉ, 13 du 12.ᵉ, 12 du 13.ᵉ, 12 du 14.ᵉ, 15 du 15.ᵉ, 13 du 16.ᵉ, 13 du 17.ᵉ, 11 du 18.ᵉ, 12 du 19.ᵉ, 14 du 20.ᵉ, 15 du 21.ᵉ, 13 du 25.ᵉ, 15 du 27.ᵉ 13 du 28.ᵉ, 13 du 29.ᵉ, 13 du 30.ᵉ 12 du 32.ᵉ, 14 du 33.ᵉ, 14 du 34.ᵉ, 14 du 35.ᵉ, 14 du 36.ᵉ, 15 du 37.ᵉ, 21 du 38.ᵉ, 12 du 39.ᵉ, 13 du 40.ᵉ, 15 du 42.ᵉ, 14 du 43.ᵉ, 12 du 44.ᵉ, 12 du 45.ᵉ, 13 du 46.ᵉ, 12 du 47.ᵉ, 14 du 50.ᵉ, 12 du 51.ᵉ, 14 .

du 52.e, 12 du 54.e, 15 du 55.e, 14 du
56.e, 14 du 57.e, 11 du 59.e, 13 du 60.e,
14 du 63.e, 13 du 64.e, 12 du 65.e, 15
du 66.e, 13 du 67.e, 12 du 1.er léger,
13 du 4.e, 14 du 5.e, 7 du 6.e, 14 du
7.e, 12 du 8.e, 12 du 9.e, 15 du 10.e, 13
du 11.e, 13 du 12.e, 12 du 14.e, 14 du
16.e, 13 du 18.e, 14 du 19.e, 11 du 20.e,
13 du 21.e, 1 du 1.er bataillon de chasseurs de la création, 5 enrôlés volon-
taires.

Votre effectif était de 946 hommes.

Oui, l'armée peut vous regarder sans
jalousie, car vous êtes sortis de ses
rangs, vous lui appartenez, son histoire
est la vôtre, et, à la veillée, vos anciens peuvent redire l'histoire de chaque régiment, comme celle de leur
première famille militaire.

Ce fut un beau jour que celui où le
1.er bataillon vint vous rejoindre à Saint-
Omer, sous les yeux du prince royal,
et dont la réception, dans une solennité
toute militaire, remplit d'émotion tous

les nobles cœurs qui battent dans l'armée au nom de gloire nationale, les nobles cœurs de ces soldats qui gémissent de nos pénibles discordes qu'ils méprisent, mais qui sont toujours prêts à mourir pour la France, sans avoir besoin de l'excitation de ces longues paroles où trop de gens voient le patriotisme.

A notre armée dites : *En avant !* Et, calme, forte et confiante, vous la trouvez prête à s'élancer, lorsque vous lui avez dit, dans cet expressif et bref langage que vous reconnaissez si bien : *A moi, voici l'ennemi !*

Mais quelle âme n'eût pas été émue à l'aspect des larmes de joie et d'attendrissement qui sillonnaient ces jeunes figures, brunies, comme les vôtres aujourd'hui, par le soleil d'Afrique ! qui n'eût pas été ému en écoutant les quelques bonnes et fermes paroles prononcées par le duc d'Orléans, ces paroles qui ne s'oublient jamais, parce qu'elles vont droit à l'âme, et qui ne s'apprennent que dans les camps.

C'était le 25 février 1840 : les citoyens de Saint-Omer étaient sous les armes, musique en tête, drapeaux déployés : ils avaient presque fait l'étape du soldat pour devancer l'arrivée, si impatiemment attendue, du bataillon d'Afrique, lorsqu'ils le virent de loin s'avancer.... Les deux troupes s'arrêtent; c'était la nation en présence : celle qui se bat à l'extérieur, celle qui défend nos frontières. Elles sont bientôt confondues, comme elles doivent l'être toujours pour l'avenir de la patrie... De 735 hommes qui composaient le brave bataillon de Vincennes, 317 seulement revoient la France! Après un souvenir et un hommage à ceux qui sont morts sans peur, de la mort des braves, on porte la santé des survivants, et la scène est vivement animée, lorsque le duc d'Orléans est annoncé. Une acclamation unanime accueille le prince. Ses premières paroles sont pour les blessés; puis, passant dans les rangs, il adresse quelques mots de

soldat à ces braves qui, en entendant
le prince prononcer leurs noms, voient
avec bonheur qu'il les connaît de près
comme de loin.

Mais qui marche derrière le duc d'Orléans?... Ce sont vos carabiniers, réunis
à ceux des huit autres bataillons, sous
le commandement du colonel Grobon,
calmes, paisibles, cachant l'émotion qui
les dévore sous la pensée de force qu'on
appelle discipline. — *Qui vive ?* —
France ! — Tout est là : la reconnaissance est faite.

Au même cri de ralliement, les bataillons des chasseurs à pied allèrent recevoir leur drapeau à Paris et y com-
pléter ainsi leur organisation.

Votre bataillon se rendit dans la capitale, avec les neuf autres bataillons,
pour y recevoir le drapeau de votre
arme : tout Paris voulut vous voir, lorsque vous défilâtes sous le commandement du duc d'Orléans, monté sur le
coursier africain d'un chef arabe pris au

combat de l'Oued-Ser, ce même coursier qui devait suivre, à un an de là, le char funèbre du duc d'Orléans, antique usage qui remonte à l'époque où les chevaux de bataille des anciens guerriers étaient ensevelis avec leurs maîtres, afin que nul autre ne pût avoir l'honneur de monter les compagnons de leurs glorieux travaux.

C'est là que, en présence du roi, le prince royal ayant fait sonner un ban, l'illustre maréchal Soult de Dalmatie, vous présentant votre drapeau, vous dit de cette voix ferme qui révèle sa verte vieillesse :

« Officiers, sous-officiers et soldats, vous jurez fidélité et obéissance au roi des Français, à la Charte constitutionnelle et aux lois du royaume!.... » — « Nous le jurons! » L'illustre maréchal ajouta : « Vous jurez de défendre ce drapeau que le roi va vous confier! Vous jurez de périr jusqu'au dernier plutôt que de l'abandonner jamais! » — « Nous le jurons! »

Alors le roi, ayant pris le drapeau des mains du maréchal, et le duc d'Orléans ayant fait sonner la fermeture du banc, vos acclamations répondirent à l'allocution chaleureuse que le roi vous adressa, et S. M. vous ayant remis votre drapeau, plaça l'étoile d'or sur la poitrine de votre colonel Grobon.

Puis, le duc d'Orléans en tête, vous défilâtes devant le roi, heureux de votre instruction, de votre discipline, de votre esprit de corps, et non moins heureux d'en reporter l'honneur à son fils aîné, votre fondateur.

Alors, le roi se complaisait à prévoir les hautes destinées de son fils : il pouvait croire à son avenir en le voyant si populaire dans l'armée. Comment ne l'eût-il pas été, soldats, lui qui était votre protecteur, lui qui vous accompagna de ses vœux, quand vous partîtes pour aller rejoindre l'armée d'Afrique et partager ses travaux et ses combats, sous la haute direction du gouverneur-

général, le lieutenant-général Bugeaud,
ami du soldat, comme l'était le prince
royal, et comme lui donnant à l'armée
l'exemple de toutes les vertus militaires.

Le 22 juin, vous débarquez à Mostaganem : à peine à terre, en route, à
l'avant-garde, sous le commandement im-
médiat du général nantais La Moricière :
la guerre a commencé pour vous au moment où vous avez touché le sol africain, fatigués ou non fatigués, sans
avoir eu le temps de vous acclimater ;
vous payez le tribut sur cette terre de
mort, où le soleil dévore les hommes :
vous apprenez à connaître ce vent du
désert, qui dessèche et tue, ce vent qui
vous brûle comme une flamme ardente.
Vous tombez, mais sans vous plaindre,
mais pour vous relever par le courage,
et le 21 juillet vous coopérez au ravi-
taillement de Mascara.

Dès vos débuts, on vous tient peu de
compte des difficultés que subissent tous
les corps récemment arrivés en Afrique :

vous avez à braver bien des préventions. N'importe! le nom de votre fon-
-dateur vous soutient : vous savez que
ses regards vous suivent, vous devez
être dignes de lui, en vous rappelant
ses paroles d'adieu, et aucun murmure
n'échappe à vos souffrances : en silence,
remplissant strictement et sans jactance
votre devoir de soldat, vous abattez si-
lencieusement vos carabines : plus d'un
arabe tombe au loin : vous cherchez à
ne pas faire déchoir le nom que vous
portez.

Votre bataillon est honorablement
cité dans le rapport sur le combat de
Sidi-Dar.

Le 3 août 1841, vous participez à une
expédition sur le Chélif, et deux de vos
compagnies y culbutent vigoureusement
une masse de kabyles : là encore plusieurs de vous sont cités dans un ordre
du gouverneur-général.

Le 23 septembre, vous faites partie
de la grande expédition sur Mascara, et

trois fois, sans une halte, vous allez ravitailler cette ville; vous ne prenez un court repos qu'après cinquante jours de marches et de combats, après avoir été jusque sur la lisière du désert, heureux de rivaliser avec tous les autres corps de la division.

L'année 1842 vous trouve à Mascara, dans cette division que les arabes appellent la division infernale : vous y participez à l'action agitée des razzias, où, pour forcer les soumissions des tribus, la division dont vous faites partie ne laissa aucun repos aux Arabes, tantôt supportant les plus accablantes chaleurs, tantôt souffrant de toutes les rigueurs du froid, marchand tour à tour sur un sable de feu ou dans deux pieds de neige.

Au printemps, vous allez retrouver la côte, pour vous préparer à de nouvelles expéditions.

Le 28 avril, vous escortez un convoi à Mascara, et de jeunes soldats récemment arrivés de France, trouvent en vous l'appui de la fraternité d'armes ; car vous savez quels sont les souffrances de l'apprentissage de la guerre en Afrique.

Le 14 mai, sous les ordres du général d'Arbouville, un de ces officiers-généraux qui savent unir la distinction des manières à la valeur guerrière et au mérite militaire, vous faites partie de la grande expédition du Chélif, sous la direction du gouverneur-général, et, dans son rapport de cette longue et rude expédition, de plus de cinquante journées, le 5.e bataillon de chasseurs est pour la troisième fois dans un an, mentionné avec éloges.

A peine arrivés (2 juillet 1842), l'ordre de vous remettre en marche vous est donné, et, en ouvrant une nouvelle campagne, vous pouviez répéter ces paroles, toujours nationales, que le prince royal venait de prononcer à Metz, et dont l'écho s'était propagé jusqu'à vous : « C'est surtout au milieu de ces grands » centres de notre puissance militaire

» que s'augmente ce sentiment de la
» grandeur et de la force de la France,
» sentiment si nécessaire à tous ceux
» qui sont appelés à influer sur nos
» destinées. »

Après cela, comment s'étonner de la
sympathie que la France témoignait si
complète au prince royal, et dont, au
même moment, l'adhésion se manifestait
avec spontanéité dans toutes les villes
militaires du nord. Le duc d'Orléans en
était fier, et il s'écriait avec un accent
de bonheur : « Je serai toujours heu-
» reux de répondre à la confiance qu'on
» veut bien avoir en moi, en me dé-
» vouant au service de la France pour
» assurer le triomphe de la cause natio-
» nale. » C'était lui encore, qui, dans sa
pensée de l'indissoluble alliance entre
la garde nationale et l'armée, répondait
aux félicitations de la garde nationale
de Metz : « La garde nationale est un
» rempart vivant opposé aux ennemis
» de la patrie, derrière ce rempart de

» pierre qui sert de boulevard à l'indé-
» pendance nationale. Pour moi, dévoué
» de cœur aux institutions dont la révo-
» lution de juillet a doté la France, je
» m'unirai toujours à ceux qui savent
» la défendre. Appuyé sur ce sentiment
» national, je ne craindrai aucun obs-
» tacle dans l'accomplissement du ser-
» vice de la patrie, quelle que soit la
» tâche imposée à ses défenseurs. »

Et lorsqu'à sa rentrée dans Paris sa famille le félicitait, une sorte de pressentiment ne lui faisait point accueillir avec joie ces prédictions. Ainsi, la princesse Clémentine lui ayant parlé des glorieuses chances de son avenir, il répondit : « Non, ma sœur, non : je mourrai jeune ; je dois mourir avant le temps. »

Dans ces pressentiments, ses dernières volontés étaient toujours prêtes ; mais c'était au champ d'honneur, au milieu de vous, en face de l'ennemi, qu'il croyait trouver la mort. Son testament avait été écrit la veille de l'expédition d'Anvers, et des codicilles y avaient été ajoutés, toutes les fois que le prince s'était mis en route pour l'Afrique.

Hélas! soldats, soldats de sa création, il était mort, quand vous rentrâtes à Mostaganem, le 21 juillet (1).

Chaque soldat ressent cette perte, comme s'il eût perdu son plus cher pro-

(1) — Vous pensiez à lui, 5.e chasseurs, dans l'expédition au pays des Flittas, pendant vos combats des 30, 51 août, 4 et 5 septembre 1842, auprès de l'intrépide 1.er de ligne, si digne d'être commandé par le brave colonel Paté, dans la division du général d'Arbouville, qui, si juste envers tous, a provoqué le rapport où M. le gouverneur-général a dit de cette expédition :

« Nos troupes n'avaient jamais montré plus de vigueur. Toutes les fois que l'ennemi serrait de trop près, on se retournait et on le chargeait à la baïonnette. On n'a laissé en son pouvoir ni un mort, ni un blessé, ni une arme, ni une perte quelconque de l'équipement. Le peu de cavalerie que nous avions là s'est conduit aussi énergiquement que l'infanterie; plusieurs fois, elle a sabré des groupes de Kabyles. Tout le monde a bien fait son devoir, et je ne saurais trop vous recommander ces braves soldats, qui ont fait, sous une chaleur brûlante, vingt-un jours de campagne en livrant quatre combats. »

tecteur, son bienfaiteur, son meilleur
ami, et chacun est avide de connaître
les détails de cette mort inattendue.

Oui, pleurez-le avec reconnaissance ;
car c'est en s'occupant de l'armée, de
son avenir, qu'il est mort. Il se préparait
à se rendre au camp, pour s'occuper du
bien-être et de l'instruction de l'armée.
Il monte seul, dans une voiture légère, attelée de deux chevaux ardents,
pour aller faire ses adieux à la famille
royale, à Neuilly. Les chevaux s'ani-
ment : un jeune postillon qui les conduit,
a peine à les retenir. Le duc d'Orléans
se lève pour lui donner quelques avis
avec sang-froid ; mais un cahos violent
lui fait perdre l'équilibre, il tombe, et
se fracasse le crâne.

Un ouvrier se précipite vers le prince,
étendu sans mouvement sur la route,
le relève et va le porter dans une maison
voisine : un des camarades de cet ouvrier survient et l'arrête. « Non, dit ce
dernier, pas là : c'est la demeure de lord

Seymour, et il ne faut pas qu'on puisse dire qu'un prince français est mort chez un anglais. » Alors, il est déposé dans la boutique d'un épicier. La famille royale est prévenue, et s'empresse d'arriver, pour recevoir le dernier soupir d'un fils, d'un frère, car il donnait à peine signe de vie.

La reine et les princesses étaient agenouillées auprès du lit de mort. Les princes regardaient, avec des sanglots, leur frère, pour chercher encore un espoir dans sa vue. Le roi, debout, immobile, les yeux fixés sur son fils, suivait avec anxiété les progrès du mal, que toutes les ressources de la science ne purent arrêter... « Encore, si c'était moi! » disait-il, en fermant les yeux de son fils!

La dépouille mortelle du prince royal fut déposée sur une litière, recouverte d'un drap blanc; une compagnie du 17.e léger, du régiment du duc d'Aumale, fut appelée, et ces braves, qui avaient accompagné le prince royal dans le défilé des Portes-de-Fer et sur les hauteurs de Mouzaïa, forment son convoi.

Derrière ce cortége militaire s'avançait le roi, pâle, désolé, mais cependant ferme, soutenant à son bras la reine, qui avait voulu suivre à pied, jusque dans la chapelle de Neuilly, le corps de son fils. Egalement à pied venaient ensuite la princesse Adelaïde, la duchesse de Nemours, la princesse Clémentine, le duc d'Aumale et le duc de Montpensier. Le duc de Nemours et le prince de Joinville étaient absents de Paris.

Le roi n'avait voulu laisser à personne le droit de conduire ce premier deuil de son fils aîné. S. M. était calme dans sa douleur profonde et résignée. La reine, oubliant sa douleur maternelle, ne proférait que ces paroles : « Quel malheur pour la France! »

Les soldats du 17.ᵉ léger, qui, dans le cortége, représentaient l'armée, pleuraient tous, comme s'ils eussent perdu un frère.

Aussi, soldats, avec quelle émotion ont retenti dans vos cœurs les expressions de cet ordre du jour, adressé à l'armée par un chef si digne d'apprécier une belle et noble vie:

« Le roi et la France sont plongés dans la douleur. S. A. R. Mgr le duc d'Orléans, prince royal, est mort hier par suite d'une chute de voiture.

» L'armée partagera cette douleur. Elle déplorera d'autant plus amèrement la perte d'un prince, espoir de la patrie comme il en était la gloire, qu'il prit part aux fatigues et aux périls du soldat, qu'il aimait, et à qui il donna des marques de sa sollicitude, ainsi que l'exemple de toutes les vertus militaires, même du commandement, et de la bravoure la plus éclatante.

» Le deuil sera pris immédiatement dans l'armée, et porté jusqu'à nouvel ordre. Il sera mis des crêpes aux drapeaux, étendards ou guidons; les tam-

bours seront converts de serge noire ;
il sera mis des sourdines et des crêpes
aux trompettes. Les officiers porteront
le crêpe à l'épée.

» Le cruel événement que déplore
la France, excitera le dévouement de
l'armée et resserra les liens qui l'unissent au roi et à son auguste famille.

» Paris, le 14 juillet 1842.

» *Le président du conseil, ministre
secrétaire-d'état de la guerre,
maréchal,*

» Duc De Dalmatie. »

À ces expressions, et en votre nom,
un autre chef que vous aimez, qui a
toutes vos sympathies, parce qu'il comprend votre vie et qu'il en partage les
honneurs et les dangers, M. le lieutenant-général Bugeaud, gouverneur-général
de l'Algérie, a répondu :

« Monsieur le maréchal,
» L'armée et les citoyens ont été déchirés de douleur en apprenant la mort

d'un prince qui, en s'associant plusieurs
fois à la gloire de nos soldats, avait tout
fait pour fortifier les espérances des co-
lons. Le deuil est sur tous les visages ;
il semble que chacun ait perdu un fils
qui devait être le père de la patrie. Les
réunions, les fêtes, les plaisirs, tout est
suspendu.

» Si vous l'approuvez, Monsieur le
maréchal, je vous prie de remettre
la lettre ci-incluse à S. M.; elle n'est
qu'une faible expression des sentiments
que nous éprouvons.

» Recevez, Monsieur le maréchal,
l'assurance. de mon respectueux dévouement.

» BUGEAUD. »

A cette lettre était jointe cette adresse
au roi :

« Sire,
» Je ne chercherai point à apaiser les
douleurs dont votre cœur paternel et
français est déchiré ; mais je crois être

l'interprète fidèle de l'armée d'Afrique en disant qu'elle s'y associe profondément.

» En présence du malheur qui a frappé la patrie, elle partage aussi la fermeté de votre âme; elle a senti doubler son dévouement et son amour pour la famille auguste, dépositaire des destinées du pays.

» Ces sentiments, Sire, sont ceux de tous les bons Français. Les alarmes pour l'avenir doivent donc cesser; il n'y aura place dans nos cœurs que pour d'éternels regrets.

» Je suis avec un profond respect, Sire, de Votre Majesté, le très-humble et très-dévoué sujet.

» BUGEAUD. »

Un souvenir plus direct du duc d'Orléans vous était réservé, et son nom, comme celui de la Tour-d'Auvergne, toujours à l'appel de l'armée, vivra éternellement dans le nom qu'il vous laisse.

Le roi, voulant rattacher le souvenir de M.ᵉʳ le duc d'Orléans à la création des chasseurs à pied, dont la formation avait été confiée à S. A. R., a décidé, le 19 juillet 1842, que les dix bataillons de cette arme prendraient, à l'avenir, la dénomination de *Chasseurs d'Orléans*.

Soldats, n'attachez point à ce nom un privilége quelconque : mais soyez fiers de conserver, par la reconnaissance, le nom de celui à qui vous devez votre organisation. Vous n'avez pas la vanité d'être plus que vos frères de l'armée ; mais vous tenez à marcher du même pas, et à être, comme eux, dignes de la France et redoutables à l'étranger.

La population laborieuse aimait le prince royal comme vous l'aimiez vous-mêmes ; elle l'aimait pour ses sentiments nationaux et guerriers. Elle voyait en lui, comme on l'a déjà dit, la personnification du citoyen-soldat... De grandes et légitimes espérances étaient fondées sur lui. Elles ne seront pas détruites. Dieu continuera de protéger la France. Le roi vivra assez pour laisser à son petit-fils, le comte de Paris, aujourd'hui prince royal, la tradition de gloire et d'indépendance que le duc d'Orléans lui a léguée en mourant.

Mais si nous voulons que cette tradition ne soit pas compromise pour la France, serrons nos rangs. Arrière tous ces débats de grands enfants dans lesquels s'use la force de la patrie. Avec l'union, notre avenir est certain, et nous pouvons braver l'Europe entière ; mais, divisés, nous nous livrerions nous-mêmes à nos ennemis.

Le duc d'Orléans n'est plus ; mais la tutelle de son fils est confiée à une mère digne d'être de cette France, dont elle est la fille adoptive, et la régence ne peut passer qu'à l'un des « quatre princes, enfants de la même France, enfants de la révolution, comme leur père lui-même, élevés avec nous et pour nous. » En

effet, en complétant ici ces dignes paroles d'un député de Nantes (M. Dubois),
qui s'est rendu plus d'une fois à la chambre le défenseur des intérêts de l'armée,
« ce n'est pas Monseigneur le duc de
Nemours seulement, mais Monseigneur
le prince de Joinville, Monseigneur le
duc d'Aumale, Monseigneur le duc de
Montpensier, toute cette jeune et belle
réserve de la dynastie et de la révolution, qui reçoivent (par la loi de régence) même mission et mêmes devoirs.
Nous les rangeons tous et prêts à se
succéder autour du berceau de leur
jeune et bien-aimé roi. Nous leur donne-
rons, après la consécration de la charte,
qui leur a ouvert l'accès à la couronne,
une consécration nouvelle pour cette
garde de la couronne elle-même, que
nous leur déléguons à tous en même-
temps. C'est entre nous et eux comme
un contrat d'affection de plus, passé sur
la tombe de leur aîné, de celui qui leur
a tracé une si noble voie, qui disait il

y a peu de temps encore, en songeant
à son avenir dont quelqu'un éveillait en
lui la pensée: « Mon avenir et celui de
» mes enfants, c'est celui de la révolu-
» tion : si elle s'établit, comme je l'es-
» père, pour eux et pour moi tout est
» bien ; si elle devait succomber, Dieu
» fera pour mes fils: quant à moi, six
» pieds de terre me suffiront. »

C'est le duc d'Orléans qui, presque à
la veille d'une mort inattendue, pro-
nonçait encore ces paroles fraternelles,
comme si, dans ses pressentiments, il
eût voulu nous donner la garantie de
l'avenir: « Les fils du roi sentent tous
» combien la confiance que l'on a dans
» leur patriotisme et leur dévouement
» à la cause nationale leur impose de
» devoirs, et ils s'efforceront toujours
» de les remplir. »

Frère d'un chasseur du 5.^e

CHARTE.

EXÉCUTION

DU

𝕻rojet de la 𝕽ue de 𝕭ourbon,

à Orléans,

APPROUVÉ PAR ORDONNANCE ROYALE DU 16 SEPTEMBRE 1825.

ORGANISATION DE LA COMPAGNIE.

C'est à votre zèle à mettre en jeu tout ce qui peut faire prospérer le commerce de mon royaume.

(Paroles du Roi à MM. les Membres du Tribunal de-Commerce de Lille. Moniteur, 9 septembre 1827.)

(3ᵉ TIRAGE. — 16 NOVEMBRE 1827.)

ENTREPRISE

DE

LA RUE DE BOURBON,

à Orléans.

ORGANISATION DE LA COMPAGNIE *.

Crescit eundo.

Dans sa séance du 6 avril 1825, le conseil municipal d'Orléans avait accepté les propositions de la Compagnie formée pour l'exécution du projet de la rue de Bourbon et déclaré qu'il était prêt à traiter sur les bases présentées, aussitôt que l'ordonnance royale approbative du projet aurait été rendue, et que la Compagnie serait régulièrement organisée.

Cette dernière condition était dans l'intérêt même de l'opération. Il importait de connaître ceux que la Compagnie allait placer à la tête de son administration, et quel serait son mode d'organisation. Les autorités locales, pour commencer les différentes dispositions

---

* L'Assemblée générale des Actionnaires de la Compagnie de la Rue de Bourbon, qui devait avoir lieu à Paris, le 17 du présent, est remise. De nouvelles lettres de convocation seront adressées à MM. les Actionnaires pour les prévenir du jour qui sera fixé. (Moniteur du 16 novembre 1827.)

qu'elles avaient à prendre en vue de la prochaine exécution du projet, ainsi que les propriétaires-vendeurs, pour entendre les propositions qui leur étaient adressées, avaient besoin d'obtenir une garantie du succès de l'entreprise, et ils ne pouvaient trouver cette garantie que dans l'ORGANISATION de la Compagnie.

L'ordonnance royale approbative du projet fut RENDUE le 16 septembre 1825. Cette ordonnance autorise la ville d'Orléans à acquérir immédiatement, pour cause d'utilité publique, toutes les maisons situées dans l'ouverture de la rue et de la place, à TRAITER avec la Compagnie et à lui faire diverses concessions demandées.

Aussitôt que M. le Maire d'Orléans eut transmis aux Actionnaires, dans la personne de M. Cottenet, leur notaire, l'ordonnance royale du 16 septembre 1825, commencèrent les conférences tenues pour parvenir à cette organisation. Divers banquiers de la capitale, plusieurs jurisconsultes et les principaux actionnaires prirent part à ces conférences où furent examinées toutes les questions qui se rattachaient à l'exécution du projet.

En même tems que ces conférences se tenaient à Paris, des négociations s'entamaient sous les auspices de M. le Maire, par l'intermédiaire de MM. les Notaires d'Orléans, avec les différens propriétaires-vendeurs. Dans l'état précaire des choses, on ne peut disconvenir combien cette mission était délicate et présentait de difficultés : néanmoins l'esprit conciliateur et la persévérance que MM. les Notaires surent apporter dans ces diverses négociations, le vif désir que toutes les classes de la société, à Orléans, manifestent de voir exécuter ce projet, l'intention de répondre aux efforts des autorités locales et de seconder les travaux de la Compagnie, tout contribua à aplanir les difficultés qui naissaient de la position où l'on se trouvait placé. Des documens recueillis dans cette occasion, résulte la certitude de pouvoir, aussitôt que la Compagnie serait en état, réaliser d'une manière satisfaisante pour la spéculation, toutes les acquisitions que pourrait demander l'intérêt de l'opération.

Mais, en se chargeant d'exécuter l'une des plus importantes entreprises de l'époque actuelle, et qui, depuis si long-tems, fixe l'attention publique, la Compagnie n'avait pas seulement songé à agir en vue d'une spéculation particulière : elle avait voulu que la rue de Bourbon et la place Sainte-Croix fussent une construction monumentale et en harmonie avec le magnifique édifice *, objet de la munificence de nos rois et pour l'achèvement duquel les différens ministères allouent en ce moment des fonds considérables.

La Compagnie osa solliciter les bienfaits de Sa Majesté en faveur d'une entreprise digne d'illustrer le règne de Charles X, puisque son exécution allait appeler le concours de tous les beaux-arts.

Son espérance ne fut point trompée. Accoutumée dans tous les tems à voir récompenser son amour pour ses souverains (1) par leur empressement à s'occuper de ses besoins, la ville d'Orléans pouvait encore, dans cette circonstance, compter sur toute leur protection, et l'intérêt que sut toujours inspirer une ville si célèbre dans les fastes de la monarchie, long-tems renommée par sa prospérité commerciale et ses richesses, et qui cherche à remplacer par de nouvelles industries celles que les circonstances lui ont enlevées, ne fut point invoqué en vain. Sa Majesté, qui s'était fait rendre compte de tout ce qui a rapport à l'exécution du Projet et des avantages qu'il doit procurer à la nombreuse population orléanaise, daigna faire connaître par l'organe de S. Ex. Monseigneur le duc de DOUDEAUVILLE, qu'il appréciait ce projet comme il méritait de l'être, et voulut bien promettre de consacrer à son

---

* La Cathédrale d'Orléans vient d'être lithographiée par Chapuy, et se trouve à Paris, chez Engelmann, et chez Th. Bruère, éditeur, quai des Augustins, n° 37. la première planche représente la façade principale prise de l'angle de la place projetée.

exécution quelques-unes des sommes qui vont chaque année vivifier dans toutes les parties de la France les entreprises d'utilité publique, et proclamer que Sa Majesté sait satisfaire aux besoins de tous ses sujets.

Un Prince, dont les ancêtres ont toujours été pour les Orléanais des bienfaiteurs qu'ils n'ont jamais implorés inutilement, voulut aussi dans cette circonstance, à l'exemple de ses augustes aïeux (2), prouver aux Orléanais que rien de ce qui intéressait leur bonheur et leur prospérité ne pouvait être étranger pour lui, et sa haute protection fut promise à la Compagnie.

C'est en s'assurant de tels suffrages et en s'entourant de toutes les lumières qui pouvaient l'éclairer sur le succès et le résultat de l'entreprise, que la Commission, aidée comme nous l'avons fait connaître, préparait les STATUTS qui devaient régir la Compagnie, et procédait au choix des différentes personnes qui, non moins distinguées par leur capacité que par leur haut rang dans le monde, devaient DIRIGER les différentes parties de l'opération. En établissant un CONSEIL-DIRECTEUR, la Commission imitait un exemple dont plusieurs grandes entreprises avaient donné l'idée, et qui avait été pour elles le mobile le plus puissant de la confiance publique.

Dans l'organisation de la Compagnie, la Commission ne perdit point de vue comment la Société avait pris naissance et les causes qui avaient donné lieu à l'entreprise.

L'association (3) formée au commencement de l'année 1824 pour concourir à l'exécution du PROJET, et qui ne s'était d'abord composée que de capitalistes de Paris et de quelques Orléanais qui avaient su apprécier les avantages de cette opération, s'était bientôt accrue d'un grand nombre de nouveaux Actionnaires. Beaucoup d'habitans d'Orléans, ceux qui, par leurs souvenirs (4) ou leurs relations d'affaires, se rattachent à cette ville; enfin tous ceux qui voulaient prendre part aux travaux de toute nature, auxquels l'exécution de l'entreprise allait donner lieu, s'empressèrent d'en faire partie, et contribuèrent à donner à la marche de cette affaire l'impulsion qu'elle reçut d'abord.

La Commission pensa qu'on ne pouvait mieux reconnaître un empressement aussi louable, qu'en appelant dans un COMITÉ CONSULTATIF placé près du Conseil-directeur, ceux qui les premiers avaient ainsi contribué à la création de l'entreprise, et qui, par leurs efforts soutenus et leurs connaissances locales, devaient en assurer le succès. Tous les ACTIONNAIRES-FONDATEURS reçurent également la récompense de leur zèle par la concession de différens droits et priviléges particuliers. Enfin on reconnut la nécessité d'avoir à Orléans, comme à Paris, une ASSEMBLÉE GÉNÉRALE et plusieurs COMMISSAIRES ET CENSEURS pris parmi les Actionnaires orléanais.

Les nouvelles recherches qui furent faites depuis l'obtention de l'ordonnance royale du 16 septembre 1825 avaient démontré qu'on pouvait donner à l'opération plus d'extension qu'on ne l'avait d'abord espéré. La dépense de l'ouverture de la rue une fois faite, toutes les autres dépenses devant produire dans une proportion utile, c'était servir l'intérêt de la spéculation et accroître le nombre des bénéfices, que de chercher à accroître le nombre des constructions à élever. Dans cette vue, le capital social évalué devoir s'élever à 3,000,000, fut porté à 4,000,000 francs.

Enfin, l'ENTREPRISE DES EAUX DE LA LOIRE, qui a pour objet la distribution des eaux salubres de ce fleuve dans les différens quartiers de la ville où il n'existe aucune fontaine et où l'on ne boit qu'une eau de puits malsaine (5) ayant été décidée, la nouvelle dépense nécessitée par les travaux de cette entreprise donnèrent lieu à la création d'un nouveau fonds social qui est distinct et séparé du capital destiné à l'exécution du Projet de la rue de Bourbon et de la place Sainte-Croix, quoique tout ce qui concerne la gestion de l'ENTREPRISE DES EAUX DE LA LOIRE demeure également confié au CONSEIL-DIRECTEUR chargé de l'Administration de la Compagnie de la rue de Bourbon.

La nature de l'entreprise de la rue de Bourbon qui a pour objet l'acquisition, mise en valeur ou reconstruction d'immeubles, offrant pour garantie la valeur desdites propriétés foncières, présentait déjà toute sûreté aux Actionnaires. La Commission voulut ajouter à cette garantie en introduisant le système de spécialité dans l'emploi des fonds : ainsi, le CAPITAL SOCIAL de 4,000,000 fr. uniquement destiné au paiement des indemnités dues aux propriétaires dépossédés et des constructions à élever, ne pourra jamais, sous aucun prétexte, être détourné de cet emploi. LE FONDS D'AMORTISSEMENT provenant du prix des loyers et de la vente des nouvelles maisons bordant la rue de Bourbon et la place Sainte-Croix, destiné aux remboursemens dudit capital social, sera également uniquement employé à cette destination.

Tout ce qui pouvait faciliter le placement et la circulation des actions fut l'objet d'une attention particulière. Elles furent créées NOMINATIVES ou au PORTEUR; de cette manière, et considérées sous le double rapport de VALEURS MOBILIÈRES et de CRÉANCES HYPOTHÉCAIRES, les actions de la Compagnie de la rue de Bourbon réunissent l'avantage attaché à chacun de ces deux titres. Comme VALEURS MOBILIÈRES, elles se transmettent de mains en mains, sans aucune formalité, et peuvent se réaliser sur-le-champ et à tous momens; comme CRÉANCES HYPOTHÉCAIRES, elles ont toute la solidité des placemens faits sur hypothèque, puisque leur GARANTIE repose sur des IMMEUBLES.

Enfin, pour conserver tout le crédit à ces obligations, on stipula qu'elles seraient reçues pour leur valeur nominale en PAIEMENT des maisons vendues par la Compagnie.

Telles furent les bases d'après lesquelles la Commission rédigea les STATUTS destinés à régir la Société, à lui donner tous les ressorts propres à bien en établir la marche et à présenter les garanties exigées par les AUTORITÉS LOCALES, les PROPRIÉTAIRES-VENDEURS et les ACTIONNAIRES EUX-MÊMES.

Le désir, généralement approuvé, de ne s'avancer que graduellement dans une opération de ce genre qui, pour atteindre le but proposé, exige le concours simultané de plusieurs circonstances ; l'obligation de ne présenter que des documens précis et puisés à une source certaine dans une entreprise considérable à laquelle tant d'intérêts nouveaux allaient se rattacher et sur laquelle toutes les idées pouvaient n'être pas encore parfaitement fixées ; l'intention de ne froisser en aucune manière les droits des propriétaires-vendeurs et la crainte d'exciter en eux des prétentions exagérées qui auraient forcé de recourir à des expertises judiciaires que l'on a l'espérance de pouvoir éviter ; ces causes, plus que toutes celles que l'on s'est plu à supposer, ont contribué à retarder un moment qu'il ne suffisait pas d'appeler uniquement de ses vœux, mais dont on ne pouvait hâter l'approche que par un travail qui touche à son terme.

L'intervalle écoulé a laissé à toutes les parties intéressées le tems de méditer le projet, de l'étudier dans son ensemble et dans toutes ses parties, d'examiner et d'apprécier les voies et moyens d'exécution, et cette épreuve est loin de lui être contraire ; l'opinion publique qui s'est prononcée si fortement en faveur du projet en 1824, est encore la même en 1827. Elle regarde cette entreprise comme une des plus honorables, des plus avantageuses, des plus nécessaires du tems présent (6), et le parfait accord qui n'a cessé d'exister entre les autorités locales et la Compagnie, ainsi que la persévérance avec laquelle on poursuit le projet, sont un sûr garant de son exécution. Le commencement des travaux est attendu avec impatience par une foule d'ouvriers de tout état qui trouveront pendant plusieurs années, à trente lieues de Paris, un dédommagement à la suspension momentanée de quelques travaux de la capitale. La population orléanaise, qui ne peut que ressentir les plus heureux effets de la mise en circulation de plusieurs millions et qui sait qu'elle doit recueillir les plus immenses avantages de la réalisation du projet, en presse chaque jour l'exécution. Elle ne verra plus s'éloigner de ses murs, faute de pouvoir trouver des logemens convenables, les nombreux étrangers qui se rendent chaque année à Orléans avec l'intention d'y séjourner et qui vont faire la fortune des villes voisines (7).

Sur tous les points de la France, d'heureux efforts mettent à profit les bienfaits de la paix. De nouvelles constructions s'élèvent à *Lyon* (8), à *Bordeaux* (9), à *Reims* (10), à *Marseille* (11) avec les encouragemens du gouvernement. L'émulation excite dans ces villes de nouvelles richesses, et répand partout l'abondance.

Tel a été aussi le but que les autorités locales d'Orléans se sont proposé d'atteindre, en sollicitant de Sa Majesté l'approbation du projet et en confiant tout ce qui a rapport à son exécution à une Compagnie intéressée au succès de l'opération et à son prompt résultat.

La Commission n'a rien négligé pour seconder les vues bienfaisantes des autorités locales, et tout a été calculé avec la plus scrupuleuse attention pour que rien ne vînt interrompre ni entraver les travaux lorsqu'ils seront commencés et que le paiement des intérêts DU FONDS SOCIAL aura commencé à s'effectuer (12).

Enfin, dans une entreprise de cette importance, où tant d'intérêts divers paraissent se croiser et se trouver en opposition, la Commission s'est appliquée surtout à bien établir la nature des différens rapports que la Compagnie devait avoir 1° avec les AUTORITÉS LOCALES; 2° avec les PROPRIÉTAIRES-VENDEURS; 3° et enfin la nature de ceux que les ACTIONNAIRES devaient avoir entre eux.

Les rapports de la Compagnie avec LES AUTORITÉS LOCALES seront fixés dans le TRAITÉ que la ville d'Orléans est autorisée à faire avec la société, sur les bases précédemment arrêtées dans la délibération du conseil municipal, du 6 avril 1825.

Les rapports de la Compagnie avec les PROPRIÉTAIRES-VENDEURS, tant pour les règlemens des indemnités que pour divers arrangemens qui pourraient avoir lieu avec eux, seront fixés dans des *traités particuliers* stipulés et reçus par les notaires de la Compagnie, à Orléans, ainsi qu'il a déjà été fait à l'égard de plusieurs de ces traités arrêtés provisoirement.

Les rapports des ACTIONNAIRES entre eux seront fixés par les STATUTS ORGANIQUES de la Compagnie, arrêtés en assemblée générale et par les règlemens qui seront faits conformément auxdits statuts.

Ce n'est qu'après avoir obtenu, À L'AVANCE ET PRÉALABLEMENT A TOUT COMMENCEMENT D'EXÉCUTION, par suite des négociations suivies jusqu'à ce jour, des documens positifs et satisfaisans sur l'effet de ces différens rapports avec les autorités locales et les propriétaires-vendeurs, que la Commission a cru pouvoir présenter les STATUTS à l'approbation des Actionnaires et provoquer l'ORGANISATION de la Compagnie.

———

NOTES.

(1) En 1814, Madame la Duchesse d'Angoulême dit avec une grâce infinie aux membres de la Cour royale d'Orléans, qui venaient lui présenter leur respectueux hommage : « Messieurs, je n'oublierai jamais que c'est la ville d'Or- » léans qui, la première, a demandé ma délivrance de la prison du Temple. »

(2) Louis II du nom, duc d'Orléans, commença par être le bienfaiteur des Orléanais avant de mériter, par sa sagesse, le surnom que la nation se plut à lui décerner lorsqu'il devint roi de France, sous le nom de Louis XII. Ce fut lui qui fit donner à la ville d'Orléans l'étendue qu'elle a aujourd'hui.

Hugues-Capet, duc de France, comte de Paris et d'Orléans, qui parvint à la couronne en 987, réunit Orléans au domaine royal; Philippe de Valois l'en détacha en 1344 pour en apanager Philippe, son second fils. Plusieurs princes de la maison de France en ont joui successivement à ce titre.

Le père de S. A. R. Monseigneur le duc d'Orléans actuel, qui a été le dernier apanagiste, était le dix-septième depuis Philippe et le cinquième, en ligne directe, depuis Monsieur, frère de Louis XIV.

Le Châtelet, ancien palais des ducs d'Orléans, ayant été détruit, et l'hôtel de la Chancellerie ayant été vendu à l'époque de la révolution, S. A. R., qui a des revenus si considérables dans le département du Loiret, et y conserve encore une administration si nombreuse, n'y possède cependant plus aujourd'hui aucune habitation.

(3) Parmi toutes les causes qui ont coopéré depuis quelques années au rapide développement de l'industrie et qui ont facilité l'exécution des plus grandes entreprises, on peut, avec juste raison, placer en première ligne l'*esprit d'association*. Ce mobile, avec lequel nous commençons à nous familiariser et dont nous devons retirer des avantages si positifs, semble en effet ne rencontrer aucun obstacle. Des forces qui, *isolées*, ne peuvent presque rien et sont comme perdues pour la société, prennent sous son influence un tout autre caractère, et conduisent à des résultats auxquels on n'aurait jamais osé penser.

C'est surtout en faveur de l'industrie que l'*association* développe ses ressources immenses en multipliant ses forces à l'infini ; elle lui donne en même tems cette confiance qui est indispensable pour entreprendre ; elle va plus loin : elle fait naître chez elle, sans s'écarter de la prudence que lui commande son intérêt, cet esprit d'obstination si nécessaire pour réussir.

L'*association*, en prélevant de modiques sommes qui ne gênent en rien ceux qui les paient, puisqu'elles ne sont toujours qu'une portion très-minime de leur fortune, parvient à former une masse considérable de capitaux avec lesquels presque tout lui devient possible. *Par elle*, les terres incultes sont défrichées, les mines sont exploitées, les canaux s'ouvrent, les plus grands établissemens s'élèvent, les produits de tous genres augmentent, les moyens de transport se multiplient, des communications faciles et peu dispendieuses s'établissent sur tous les points, etc. ; en un mot, *avec elle* nous ne voyons plus de limites à l'accroissement de notre prospérité !

L'*association* vient encore à notre secours, lorsque nous avons à lutter contre une arme supérieure à la nôtre. C'est l'arme du plus faible ; elle lui fournit les moyens de résister à ceux qui, abusant de leur supériorité, l'oppriment et froissent ses intérêts. Sous ce point de vue, l'industrie peut également s'en servir avec avantage.... La force de semblables associations est d'autant plus grande, qu'elle est en raison inverse de la faiblesse du capital fourni par chacun des intéressés. Effectivement, moins ils risquent à la fois, plus ils sont en état de persévérer dans la lutte engagée.

Tels sont les avantages immenses que nous procure l'*association*; elle fait disparaître notre faiblesse, et elle nous met à même de surmonter les plus grandes difficultés. Sachons donc apprécier un tel auxiliaire; déjà nous avons obtenu *par lui* de grands avantages : *avec lui* de nouveaux succès nous attendent si nous l'employons utilement. Nous devons, à ce titre, regretter vivement que l'association qui s'était formée à Paris sous le nom de *Société commanditaire de l'Industrie*, n'ait pas été mise en activité; les ressources immenses que cette Compagnie aurait eues à sa disposition, la réunion de grands capitalistes en tous genres qu'elle renfermait, la confiance générale qu'inspiraient à si juste titre les personnes recommandables qui devaient la diriger, tout en elle nous assurait un appui non douteux pour l'industrie et l'agriculture. Espérons qu'une conception aussi heureuse finira par avoir son exécution. Espérons également que les premiers succès obtenus par l'application du principe de l'*association*, nous en fera connaître toute l'utilité, et que chacun de nous s'empressera d'adopter un système aussi simple qui nous rend si puissans et qui doit nous procurer de si grands avantages. (*Journal du Commerce*, 25 juin 1827.)

(4) M. le comte Daru, pair de France, qui, à l'époque de 1793, réfugié à Orléans, où il a commencé sa belle TRADUCTION D'HORACE, s'est toujours plu à conserver le souvenir de l'hospitalité qu'il a reçue des Orléanais, a été un des premiers à s'employer utilement pour favoriser l'exécution du Projet de la rue de Bourbon.

Parmi les autres personnes de distinction qui, aujourd'hui étrangères à Orléans, s'y rattachent par leurs souvenirs et ont secondé de tout leur zèle une entreprise aussi éminemment utile, on remarque M. le comte de Tascher, pair de France, et M. le baron Charles Dupin, membre de l'Institut; anciens élèves de l'école centrale d'Orléans; M. de Cypierre, ancien intendant d'Orléans; M. de Talleyrand et M. le comte de Choiseul-d'Aillecourt, anciens préfets du Loiret; M. le marquis de Saint-Simon, ambassadeur de S. M. T. C. près le roi de Dannemarc, et M. le comte d'Andigné, pairs de France, anciens commandans du département; madame la comtesse de Lespine; madame la marquise Cugnac de Dampierre; M. l'abbé Desjardins, vicaire-général de Notre-Dame; M. Pisseau, curé de Saint-Denis-du-Saint-Sacrement, à Paris, chanoine honoraire du chapitre royal de Saint-Denis ; M. Bernet, évêque de La Rochelle ; M. le vicomte de Contamine ; M. Duviquet, homme de lettres, ancien élève de l'Université d'Orléans, M. le comte Cornet, pair de France, M. le lieutenant-général vicomte Paultre de Lamothe ; M. Landré de Beauvais, doyen de la faculté de médecine de Paris ; M. le général Beauvais, etc., etc.

(5) Des expériences chimiques, très-bien faites par MM. Toussaint-Guindant, docteur en médecine de la faculté de Montpellier, agrégé au collége de médecine d'Orléans et docteur-régent de la faculté de médecine de Paris, et Prozet, apothicaire d'Orléans, soumises au jugement de l'Académie des sciences et de la Société royale d'agriculture de cette ville, semblent démontrer que l'eau des puits est en général contraire à la santé, et qu'il faudrait *préférer l'eau de la Loire, dont ces mêmes expériences prouvent la bonté et la salubrité.* (*Essais historiques sur Orléans ;* par Beauvais de Préau. Édition de 1778.)

L'Administration actuelle a tenté divers moyens pour procurer à la ville des eaux dont elle manque et des fontaines publiques qui contribueraient à l'embellissement et à l'assainissement de la ville. Après diverses recherches on s'est arrêté au projet de lui procurer les eaux de la Loire suivant le mode indiqué dans la NOTICE sur les nouvelles fouilles entreprises dans l'emplacement de la fontaine Letuvée, par M. Jollois, ingénieur en chef du département du Loiret, Notice insérée dans le tome VII des *Annales de la Société royale des sciences, belles-lettres et arts d'Orléans,* et dont nous ferons connaître l'extrait qui suit :

« M. Benoist-Latour, dans un mémoire intéressant, inséré dans nos An-
» nales, a appelé l'attention de la Société royale, et l'on peut dire de tous les
» habitans d'Orléans, sur les immenses avantages que procureraient à la ville
» les eaux de la fontaine Letuvée si elles étaient aussi abondantes qu'on avait
» lieu de l'espérer, et si, vu leur situation sur un point élevé au-dessus d'Or-
» léans, on pouvait les amener facilement sur les places publiques et les dis-
» tribuer dans la ville. M. Pagot, dans le rapport qu'il a fait sur le mémoire
» de M. Benoist-Latour, a rendu compte des fouilles qu'il avait entreprises
» lui-même par les ordres de M. le Préfet, et les premiers résultats qu'il a ob-
» tenus ont semblé confirmer toutes les espérances qu'on était tenté de conce-
» voir. Des aperçus de nivellement donnaient la certitude d'amener les eaux de
» la fontaine Letuvée sur les points les plus élevés d'Orléans à une hauteur
» telle qu'elles pourraient être distribuées dans tous les quartiers de la ville.
» La promesse de semblables avantages étaient assurément digne de fixer l'at-
» tention d'une administration éclairée. Aussi M. le Préfet, à qui rien n'é-
» chappe de ce qui peut être utile au département qu'il administre, jugea-t-il

» à propos d'ordonner de nouvelles fouilles et de nouvelles recherches. Il as-
» signa donc quelques fonds pour subvenir aux dépenses qu'elles occasionne-
» raient. Les travaux furent repris au mois d'août 1823..., Ces fouilles du-
» rèrent une quinzaine de jours, au bout desquels elles furent arrêtées lors-
» qu'on eut acquis la certitude qu'elles ne pouvaient donner aucun résultat
» pour l'objet qu'on avait principalement en vue.

» Il n'y a donc aucun espoir pour la ville d'Orléans de tirer des plateaux qui
» la dominent au nord des eaux propres à l'alimenter. Ainsi, on ne doit plus
» songer désormais qu'à lui donner les eaux salubres de la Loire au moyen
» d'une machine à feu qui serait établie sur les bords de ce fleuve. On les sou-
» tiendrait jusqu'au réservoir élevé qui serait construit à la porte Bannier.
» On pourrait même bâtir en cet endroit un château d'eau qui servirait de
» porte monumentale. Les mêmes conduits, qui l'alimenteraient, donneraient
» de l'eau à toutes les maisons de la rue Royale et de la rue de Bourbon jus-
» qu'à l'étage le plus élevé, et on pourrait obtenir sur la place du Martroy une
» belle fontaine jaillissante. Les eaux du réservoir qui serait établi à la porte
» Bannier, seraient ensuite distribuées dans des fontaines que l'on construirait
» sur les principales places d'Orléans, telles que celles de Sainte-Croix, de
» l'Étape, de Saint-Aignan, du vieux et du petit Marché et dans l'intérieur de
» la Halle-aux-Blés. On distribuerait aussi les eaux de la Loire dans des
» bornes-fontaines qui seraient établies partout où il serait nécessaire pour
» l'assainissement et la propreté des différens quartiers de la ville et des divers
» établissemens qu'ils renferment, tels, entre autres, que les boucheries et
» les poissonneries. Or, estime qu'une quantité de cinq à six cents mètres cubes
» d'eau, en vingt-quatre heures, suffiraient pour subvenir à tous les besoins et
» même au luxe des fontaines jaillissantes. Notre but n'est point d'entrer ici
» dans tous les développemens que demanderait nécessairement un projet de
» cette importance et d'en faire ressortir les immenses avantages, tant sous le
» rapport de la salubrité que sous celui de l'utilité publique et particulière. Il
» nous suffit, pour le moment, de jeter en avant ces idées qui trouveront, sans
» doute, accès auprès du premier administrateur de ce département et des per-
» sonnes éclairées et dévouées au bien public qui président à l'administration
» de la ville d'Orléans *. »

---

* Depuis la rédaction de cet écrit, l'auteur a appris de M. le vicomté de Ricod qu'il s'occupe
des moyens d'utiliser l'excédant de force de l'une des machines à feu d'Orléans, dans le but
de procurer des eaux de la Loire à la ville.

Note de M. Jollois.

Plusieurs villes viennent de faire les mêmes efforts que la ville d'Orléans, pour se procurer des eaux salubres et des fontaines publiques, et ont obtenu un résultat plus heureux que le sien. Nous citerons surtout l'exemple de la ville de Béziers. Cette ville est située sur une colline élevée de plus de 200 pieds, et presqu'à pic, au dessus du niveau des eaux de la rivière. Un simple serrurier, M. Cordier, long-tems confondu dans la classe laborieuse de Béziers et dont M. Charles Dupin avait su deviner le mérite, est parvenu à peu de frais à faire monter l'eau de l'Orbe à plus de 230 pieds, et à la faire couler dans toute la ville; il a si bien combiné et simplifié les machines déjà connues, et employé la vapeur avec tant d'art, qu'il est parvenu à ce beau résultat par l'effet d'un établissement qui n'a guère coûté que 70,000 fr. Le premier essai de la machine hydraulique inventée par M. Cordier a eu lieu le 25 septembre dernier, en présence des autorités constituées du département de l'Hérault. Le succès dont il a été couronné a porté au comble la satisfaction des spectateurs attirés de tous les environs, et sur-tout l'enthousiasme des habitans de la ville. Béziers n'oubliera pas non plus tout ce qu'il a dû, dans cette circonstance, au zèle éclairé de son maire, M. le comte de Neffiès.

(6) *MONITEUR DU 22 OCTOBRE 1827.*

TRAVAUX PUBLICS DANS LES DÉPARTEMENS.

Exécution du projet de la rue de Bourbon, à Orléans.

De grands travaux s'exécutent dans la Capitale, et si l'on en doutait, nous renverrions au budget de la ville de Paris, où l'on voit que les dépenses de cette année s'élèveront à plus de 46 millions.

Des entreprises non moins considérables s'exécutent dans les départemens. Partout les constructions gothiques, les sombres et tristes manoirs font place à de charmantes habitations, où se trouve commodément réuni tout ce qui tient aux usages de la vie. Les architectes ont trouvé l'art d'allier l'*élégance* italienne au *confortable* anglais. Les particuliers sont mieux logés, les villes s'embellissent; des routes, des canaux, des ponts s'exécutent et établissent des communications sur tous les points. Ces travaux occupent une quantité innombrable d'ouvriers. Le bon goût, l'élégance, la propreté commencent à régner partout. Plus belle, aussi riche et mieux cultivée, la France d'aujourd'hui n'a rien à envier à la France d'aucune époque, et, sous le rapport de l'amour de l'ordre et du travail, de l'activité, des progrès dans tous les arts, présente un spectacle vraiment digne d'admiration, et qui fait mieux l'éloge d'un gouvernement sous lequel tant de travaux s'exécutent à la fois, et prouve mieux le véritable état des situations particulières et privées , que tout ce que l'on pourrait vouloir dire à cet égard.

Parmi ces grandes entreprises qui s'exécutent aujourd'hui dans les différentes partie du royaume, on remarque surtout la réalisation d'un projet important, conçu à une époque où Orléans voyait construire les nombreux travaux qui en ont fait une des plus belles villes de France. L'ouverture de la rue de Bourbon , en face du magnifique portail de la cathédrale , et devant aboutir à la rue Royale , devait être le complément de ces divers embellissemens. Il était réservé à l'administration actuelle, après un long espace de tems et des efforts , et une persévérance dignes des plus grands éloges , de parvenir enfin à faire exécuter ce grand et beau projet, et de faire jouir la ville d'Orléans et les contrées voisines des biens immenses que l'exécution de tant de travaux leur assure.

L'ordonnance royale , approbative du projet, a été rendue le 16 septembre 1825. Les nouvelles recherches faites depuis l'obtention de cette ordonnance n'ayant plus laissé de doute sur la possibilité d'atteindre avec succès le but que se proposaient les autorités locales en concevant cette grande entreprise, et les Actionnaires en se chargeant de l'exécuter , l'association formée à Paris vient de s'organiser en compagnie anonyme et d'arrêter ses statuts. L'exécution du projet et l'administration de toutes les affaires de la Compagnie est confiée à un *conseil-directeur*, dont les membres ont été choisis parmi ce que la capitale et le département du Loiret renferment d'hommes recommandables en tous genres. Cette association, conçue dans des vues aussi élevées que généreuses , mérite d'être citée comme exemple, et parviendra, il n'en faut pas douter, au but honorable qu'elle se propose principalement , celui de rapprocher et de lier de plus en plus les intérêts de la ville d'Orléans et ceux de la capitale.

L'exécution de ce projet présentait des difficultés assez sérieuses , qu'un désir réciproque de ne point entraver plus long-tems le commencement des travaux, a fait aplanir entièrement. Le problème à résoudre consistait à faire faire à l'administration locale , aux actionnaires et aux propriétaires des terrains une bonne opération, et le problème a été résolu de la manière la plus complète et la plus satisfaisante. L'exécution sera digne des progrès qu'ont faits de nos jours l'architecture et les arts qui s'y rapportent ; et nos jeunes talens , qui tous ne peuvent être employés dans la capitale , trouveront dans la réalisation de ce projet, à laquelle se rattachent plusieurs autres opérations secondaires , une occasion qu'un pareil concours de circonstances n'offre que rarement.

3

L'accomplissement d'un pareil projet dans une ville recommandable à tant de titres, et qui devait avoir pour toute la population des résultats les plus avantageux, était bien digne de fixer l'attention du Roi et de nos princes. La munificence royale ne s'est point fait attendre. Sa Majesté sait encourager, protéger, soutenir tout ce qui tend à favoriser la prospérité générale : les départemens n'offrent pas moins que la capitale de nombreux témoignages de cette haute protection, et qui attesteront à la postérité que Charles X, véritable père de tous ses sujets, sait s'occuper des besoins de la France entière.

CONSTITUTIONNEL DU 23 OCTOBRE 1827.

Une utile entreprise dont on réclame depuis long-tems l'exécution, la construction de la rue de Bourbon, à Orléans, en face du beau portail de la cathédrale, et aboutissant à la rue Royale, va enfin avoir lieu, grâce à l'esprit d'association qui fait chaque jour en France de nouveaux progrès. L'ordonnance royale approbative du projet a été rendue le 16 septembre 1825, et, depuis cette époque, des recherches nombreuses ayant été faites, et ayant démontré de la manière la plus irrécusable l'utilité de l'opération, l'association, parmi laquelle on remarque ce que la capitale et le département du Loiret renferment d'hommes les plus honorables et les plus distingués par leurs lumières, vient de se constituer en Compagnie anonyme et d'arrêter ses statuts. A cette opération principale se rattachent plusieurs opérations secondaires : l'entreprise des eaux de la Loire, qui a pour objet la distribution des eaux de ce fleuve dans les différens quartiers de la ville où l'on ne boit qu'une eau de puits malsaine ; l'établissement des bains publics à l'instar de ceux de Tivoli et d'Enghien ; la construction d'une nouvelle salle de spectacle, etc. Beaucoup d'entrepreneurs de la capitale sont entrés dans cette opération.

COURRIER FRANÇAIS DU 26 OCTOBRE 1827.

Privés de quelques-unes des branches de commerce qui jadis avaient contribué à rendre leur ville si florissante, les Orléanais font tous leurs efforts pour voir créer de nouvelles industries parmi eux, et voudraient surtout pouvoir mettre à profit leur proximité de la capitale et la beauté de leur pays si justement renommé, en fixant les nombreux étrangers qui se rendent chaque année à Orléans pour y séjourner, et sont bientôt forcés d'en repartir, ne pouvant y trouver aucune habitation convenable. Depuis long-tems il existait un projet d'ouvrir une nouvelle rue sous le nom de rue

de Bourbon, en face du beau portail de la cathédrale, et venant aboutir à la
rue Royale. La construction de ce nouveau quartier, au centre de la ville, et
dans le voisinage de la mairie, de la préfecture, de la halle aux grains,
ne pourrait qu'avoir les résultats les plus avantageux pour la population orléanaise; non-seulement les étrangers, mais encore les habitans se porte-
raient en foule dans la nouvelle rue décorée de maisons telles qu'on en construit aujourd'hui dans toutes les villes du royaume, et où se trouve réuni
tout ce qui est nécessaire aux usages de la vie. Une association s'étant formée pour exécuter ce projet, il a été approuvé par ordonnance du Roi, en
date du 16 septembre 1825. L'intervalle écoulé depuis cette époque a été employé en travaux préparatoires, dans le cours desquels toutes les questions
qui se rattachent à l'exécution du projet, ont été examinées avec une scrupuleuse attention. Il paraît que le résultat de cet examen a été satisfaisant,
puisque l'association, dont font partie plusieurs banquiers de Paris, et à laquelle se sont joints quelques capitalistes qui voulaient prendre part aux travaux de toute nature auxquels la réalisation de l'entreprise allait donner
lieu, vient de se constituer en Compagnie anonyme et d'arrêter ses statuts.
A cette opération principale, dont le fonds social est de quatre millions,
se rattachent plusieurs opérations secondaires, ayant chacune un fonds social distinct et séparé. De pareilles entreprises sont tout-à-fait dans l'intérêt
du commerce et de l'industrie, et ne sauraient être trop encouragées. L'assemblée générale des Actionnaires aura lieu à Paris, le 17 novembre prochain.

JOURNAL DU COMMERCE DU 1er NOVEMBRE 1827.

La ville d'Orléans est admirablement située pour pouvoir entretenir et même
multiplier ses relations commerciales. Placée dans le voisinage de la capitale,
au centre de la France, traversée par le fleuve le plus favorable à la naviga-
tion, et presque par toutes les routes du royaume, elle a néanmoins perdu
quelques-unes des nombreuses branches d'industrie qui la distinguaient au-
trefois. L'exécution d'une entreprise formée sous les plus heureux auspices,
nous semble devoir contribuer à ranimer l'esprit industrieux de cette ville.
L'ouverture de la rue de Bourbon, en face du portail de la cathédrale, et
aboutissant à la rue Royale, et la construction de nouvelles maisons dans
un développement d'environ 900 mètres de façade, doivent être un ache-
minement vers plusieurs autres améliorations universellement désirées. L'exécution de ce projet, par une compagnie financière, ayant été soumise à la
sanction royale, a été approuvée par ordonnance du 16 septembre 1825, et

de nombreuses recherches faites depuis cette époque, n'ayant plus laissé de doute sur la possibilité d'atteindre avec succès le but que se proposaient les autorités locales en concevant cette grande entreprise, et les Actionnaires, en se chargeant de l'exécution, la Compagnie vient de s'organiser et d'arrêter ses statuts. L'assemblée générale des Actionnaires aura lieu à Paris, le 17 novembre prochain. A l'exécution du plan principal se joignent plusieurs autres opérations secondaires qui en sont comme le complément ; l'entreprise des eaux de la Loire qui a pour objet la distribution des eaux de ce fleuve dans les divers quartiers de la ville ; l'établissement de bains publics à l'instar de ceux de Tivoli et d'Enghien ; la construction d'une nouvelle salle de spectacle, etc. La proximité de Paris a permis à beaucoup d'entrepreneurs de la capitale d'entrer dans cette opération. Les carrières situées dans le voisinage d'Orléans, les bois de construction que produit la magnifique forêt qui l'environne, la facilité des arrivages par la Loire, contribueront au succès de cette entreprise, l'une des plus considérables de l'époque actuelle, et à la tête de laquelle se trouvent les hommes les plus recommandables en tous genres, de Paris et du département du Loiret.

(7) Plus rapprochée de la capitale que la ville de Tours, avec des environs aussi rians que ceux de cette dernière ville qui n'a rien de comparable aux bords du Loiret, Orléans serait préféré par les étrangers à la ville de Tours s'ils pouvaient y trouver, comme dans la capitale de la Touraine, des habitations commodes et modernes. En 1815 et 1822, les deux années où ils y ont été en plus grand nombre, on a compté jusqu'à huit mille étrangers à Tours; dans les autres années le nombre en a été moins considérable, mais il n'a jamais été au-dessous de quinze à seize cents, et l'argent mis en circulation, par suite de leur séjour, n'a jamais été moins, par an, de 3 millions. Suivant l'*Annuaire du département d'Indre-et-Loire pour l'année 1827*, il y a en ce moment plus de seize cents Anglais dans la ville, non compris ceux qui habitent, avec leur famille, dans les maisons de campagne situées aux environs. Il est facile de concevoir que, depuis douze ans, le séjour des étrangers à Tours a singulièrement contribué à y accroître les revenus publics et la fortune des particuliers. Les maisons s'y sont parfaitement bien louées; un nombre considérable de nouvelles habitations a été construit. Ces constructions font le plus grand honneur aux architectes de Tours. On reconnaît dans l'ordonnance de ces nouvelles maisons le talent et le goût de véritables artistes, la solidité unie à l'élégance et à la simplicité. Les denrées, les objets de luxe et d'ameublement s'y sont bien vendus: tous les gens de la classe ouvrière se sont trouvés occupés et ont à

peine suffi au nouveau surcroît de service nécessité par un si grand concours d'étrangers, dont plusieurs ne font qu'une résidence très-courte. On n'y voit plus de mendians, et la misère semble bannie de cette ville. Il est juste de dire aussi que les autorités locales et les habitans rivalisent de zèle pour attirer tout ce qui peut favoriser le développement de l'industrie et la prospérité générale : un intérêt bien entendu sait faire quelques légers sacrifices qui tournent bientôt au profit de toute la population. Les étrangers se louent surtout beaucoup de M. le vicomte de Nonneville, maître des requêtes, préfet du département. La direction d'artillerie qui, depuis plusieurs années, était à Bourges, a demandé à être transférée à Tours, et vient d'y être installée.

(8) Le nouveau quartier Perrache, à Lyon, se construit par une Compagnie. Les autorités locales ont obtenu du Gouvernement l'exemption de contributions foncières pendant vingt-cinq années, *à compter du jour de la mise en valeur des constructions qui seront élevées dans ce quartier.* Beaucoup d'autres travaux ont lieu en ce moment dans cette ville ; voici ce qu'on lit dans le *Moniteur* du 24 juillet 1827, à l'article Lyon :

« Le grand nombre de travaux publics entrepris à Lyon depuis vingt ans, et l'importance de ceux qu'on projette encore, ont rendu notre ville un lieu intéressant pour les architectes étrangers et indigènes ; et les talens, qui voient ouverte devant eux une si noble carrière, accourent à la voix des magistrats. »

« On ne peut que se féliciter de l'empressement que mettent depuis quelques tems les artistes à concourir à l'ornement de notre ville ; c'est une concurrence aussi avantageuse aux progrès des arts qu'à *la prospérité publique.* »

(9) Dix-huit maisons uniformes ayant une façade de trois étages au-dessus de l'entresol, vont être incessamment élevées sur la place Louis XVI à Bordeaux. M. le Ministre de l'intérieur vient de faire parvenir à l'autorité municipale de cette ville les plans et devis relatifs à cette place, approuvés et modifiés par le conseil des bâtimens. On sait combien la ville de Bordeaux et les contrées voisines sont redevables pour les nombreux embellissemens qu'elles ont reçus et qu'elles reçoivent journellement, aux efforts, aux lumières et à la persévérance de M. de Tourny, ancien intendant de la province. Plusieurs projets conçus et proposés, sous l'administration de ce zélé magistrat, il y a plus de soixante ans, viennent de recevoir leur exécution. On n'a point voulu laisser ignorer à la génération présente le nom du véritable auteur de tant de

bienfaits. Un monument a été voté par le conseil général du département de la Gironde, et une statue vient d'être élevée à M. de Tourny. Cette statue est en marbre blanc; dans la proportion de sept pieds; le piédestal porte l'inscription suivante :

A

Louis-François-Aubert

de Tourny,

Intendant de la généralité

de Bordeaux,

depuis 1743 jusqu'en 1757,

LA POSTÉRITÉ RECONNAISSANTE.

(10) M. le vicomte de Ruinard de Brimont, maire de Reims, avait pris la confiance d'indiquer au Roi, pendant son séjour, combien une communication entre la place de l'Hôtel-de-Ville et la Place Royale serait utile et embellirait la ville; Sa Majesté, sur la proposition de Monseigneur le duc de Doudeau-ville, ministre de la maison du Roi, a daigné accorder une somme de 60,000 f. pour subvenir aux frais d'ouverture de cette nouvelle rue.

Nommé rapporteur, à la Chambre des Pairs, de la loi sollicitée en faveur de l'exécution de ce projet, M. le duc de Doudeauville, dans la séance du 12 mai 1827, a fait valoir tous les titres de la ville de Reims à la bienveillance royale ; « De cette ville, a dit le noble Pair, habitée par une population » nombreuse, intéressante par ses manufactures, par son industrieuse acti-» vité, par son commerce de vins, et je me plais à ajouter par le bon esprit » dont elle a donné des preuves en plusieurs occasions et notamment en » 1814. »

L'illustre orateur ne pouvait omettre parmi les époques remarquables qu'il s'est plu à rappeler, le mémorable sacre de Charles VII. « Conduit en triom-» phe, a-t-il dit, à travers mille obstacles et mille périls par l'héroïne » d'Orléans. »

(11) EXTRAIT DU GLOBE, du 27 OCTOBRE 1827.

CANAL DE PROVENCE. — CIRCULAIRE DU PRÉFET DES BOUCHES-DU-RHÔNE.

Dans la Provence, l'eau est le plus grand besoin de l'agriculture, et c'est à s'en procurer et à en faire une distribution bien entendue qu'ont dû tendre tous les efforts des hommes de bien qui ont eu à administrer ce pays.

La Durance limite au nord le département qui, au midi, est borné par la

Méditerranée ; cette rivière contient plus d'eau que l'agriculture n'en réclame sur ses bords : une pente existe, que l'on a reconnue être de 224 mètres en certains endroits, de son lit à la mer. C'était donc à la Durance que l'on devait emprunter de l'eau ; c'était ensuite des canaux qu'il fallait construire pour que cet emprunt fructifiât aux terres qui en avaient le plus besoin.

Cette grande idée, qui remonte à trois siècles, est due à Adam de Craponne, qui, dès 1554, seul, avec sa propre fortune, eut le courage d'entreprendre et l'habileté d'achever en cinq ans le long canal qui, partant de la Durance et passant par Salon, va se perdre dans le lac de Berre, après avoir arrosé 13,449 hectares de terre appartenant à dix-huit communes, dont les propriétés ont triplé de valeur.

Long-tems après, et vers la fin du dernier siècle, un second canal fut commencé, qui devait aller de Mallemort au Rhône, un peu au-dessus de Tarascon ; mais il fut arrêté à la sortie d'Orhon. Enfin, grâce aux soins que le préfet des Bouches-du-Rhône s'est donnés *depuis dix ans* pour conduire à sa fin un projet si utile et si grand, le plan et les devis en ont été légalement approuvés, et on espère voir incessamment se constituer la Compagnie qui reprendra les travaux. Mais nonobstant ces deux importantes entreprises, le centre de l'ouest du département était seul pourvu d'eau, et la partie de l'est, dans laquelle se trouvent Aix et Marseille, restait sans moyen de se garantir de la sécheresse. Un troisième canal d'irrigation devenait donc nécessaire.

Pour un administrateur habile, la construction de ce canal, qu'à cause de son importance on appellera canal de Provence, se présentait comme une entreprise digne des soins les plus empressés et des efforts les plus soutenus ; pour un Provençal, c'était un intérêt de famille. A ce double titre, M. le comte de Villeneuve, préfet, depuis onze ans, des Bouches-du-Rhône, a eu à cœur de faire jouir son pays des bienfaits que promet une irrigation aussi étendue. « Trop » d'avantages, dit-il dans la CIRCULAIRE qu'il vient d'adresser à ses administrés » pour leur faire connaître *la description du canal, ses produits présu-* » *més et les moyens d'exécution*), trop d'avantages devaient résulter de la » réalisation du canal projeté, dans une contrée où les moyens d'arrosement » sont regardés comme le premier des bienfaits, pour que je n'en dusse pas » faire un des principaux objets de mes soins. Pénétré du premier aspect des » lieux et d'une lecture attentive de l'ouvrage publié en 1742 sur ce même » sujet, par Floquet, je m'occupai, dès l'année 1818, des dispositions qu'il » convenait de faire. »

Dans cette circulaire , en s'appuyant sur les résultats consignés dans le mémoire rédigé par M. Garella, ingénieur en chef à Marseille, et contenant
tous les plans et devis du projet, M. de Villeneuve, avec une bonne foi qu'on
ne saurait trop louer', *expose du projet jusqu'à ses chances les plus éloignées,
et les discute de manière à encourager les Actionnaires les plus timides.*

Après l'exposition de ces détails, M. du Villeneuve résume de la manière
suivante les principaux avantages que la construction de ce canal aurait, et
pour le pays, et pour la compagnie qui se chargerait de le faire construire :
« ....« Le canal sera d'un immense avantage pour l'agriculture , en arrosant
» 21, 634 hectares de terre, avec possibilité de rendre ce service à une super-
» ficie triple. Sur un sol calciné par les ardeurs du climat , c'est certainement
» le plus grand bienfait dont on puisse favoriser une population laborieuse.
» On peut y ajouter encore le *colmatage*, opération qui, au moyen du dépôt suc-
» cessif du limon transmis par les eaux de la Durance , fertilise les terrains
» les plus arides.

» L'industrie n'en retirera pas des résultats moins avantageux, ce canal
» pouvant donner de l'eau à 278 usines, où les produits du pays seront mis en
» œuvre pour une foule d'objets importans que le commerce et la marine al-
» laient chercher au loin et à grands frais.

» Le canal contribuera aussi à la salubrité des lieux , en fournissant une eau
» pure aux fontaines publiques, en facilitant le nettoiement des rues , et en
» donnant à la végétation un développement qui contribuera à assainir l'air.

» On complétera le tableau de tant d'heureux effets , si l'on examine de quoi
» se composeront les produits de ce canal , et les bénéfices qu'il doit offrir
» à la Compagnie qui se chargerait de cette belle et grande entreprise.

» 1°. La ville de Marseille retire actuellement de la rivière de l'Huveaune
« un volume d'eau de 1,006 deniers, quantité évidemment insuffisante , et sur
» laquelle même on ne peut pas toujours compter. Elle demande dans le nou-
» veau canal , 12,073 deniers (11,468 modules d'eau, nouvelle mesure). Cha-
» que denier d'eau étant actuellement vendu, par la ville de Marseille , à
» raison de 30 fr. par an , il résultera de la vente de ces 12,073 deniers
» d'eau, cédés au même prix, un produit annuel de....   344,040 fr.

2°. Aix et Allauch demandent ensemble 3,456 modules
qui, évalués à 30 fr., produiront,....................   103,680

» 3°. On présume que sur 7,660 maisons de campagne

                                                    ———————
                                                    447,720 fr.

. . . . *d'autre part* . . . . 447,720 fr.

» qui existent aux environs de Marseille, 5,000 proprié-
» taires prendront un ou deux modules d'eau chacun, et qu'ils
» le paieront 50 fr.; ils pourront d'ailleurs s'en servir pour
» l'arrosage des jardins et des prés, ce qui, au terme moyen
» d'un module et demi, rendrait. 375,000

» 4°. L'irrigation de 20,134 hectares, à raison de 60 fr.
» l'un, déduction faite des 1,500 hectares arrosés par suite
» des concessions mentionnées en l'article 3, donnera un pro-
» duit de. 1,208,040

» 5°. Les 278 usines pouvant payer, l'une portant l'autre,
» une redevance annuelle de 1,500 fr. 417,000

» TOTAL des produits présumés. . . . . 2,447,760 fr. »

Ce qui serait pour les actionnaires un placement de leur fonds à 15 pour 100.

« A ces revenus, ajoute M. de Villeneuve, on peut joindre ceux que présen-
« teraient les francs-bords du canal, en feuilles de mûriers, en herbages; le
» fermage de la pêche, le colmatage des terres; enfin le droit d'arrosage qui,
» le canal terminé, ne manquera point de s'étendre à une superficie bien
» plus étendue que celle de 20,134 hectares sur lesquels on a dû compter seu-
» lement, puisque les communes y ont borné leurs demandes; mais ces articles
» de produits ne sont ici relatés que pour mémoire, attendu qu'ils serviront
» à couvrir les frais d'entretien des ouvrages du canal, et qu'ils offriront, dans
» tous les cas, un surcroît de bénéfices propre à fortifier la confiance de la
» Compagnie concessionnaire du canal. »

Mais ces demandes d'eau faites par les villes et par les communes où doit
passer le canal, ainsi que les cinq mille *bastides* de Marseille, que l'on suppose
devoir aussi réclamer l'arrosage, ces demandes seront-elles réellement faites?
Les fera-t-on au taux annoncé? Quel garantie aura la Compagnie qui entre-
prendra les travaux, de la certitude des revenus actuellement présumés?

A ces objections M. le Préfet répond :

1°. Que les demandes d'eau faites par Marseille, Aix et Allauch, sont assu-
rées, et que les villes sont prêtes à s'engager formellement envers les Actionnaires;

2°. Que l'arrosage de la campagne n'est pas moins assuré, puisqu'il existe
des délibérations des conseils municipaux des communes dont le territoire se-

4

rait traversé. Ce sont ces délibérations qui, contenant la réponse à la question qui a été faite à ces conseils afin de savoir quelles seraient les quantités de terrains arrosables pour lesquelles il est notoire que l'eau serait demandée, en ont porté l'élévation à 21,634 hectares, évaluation qui, comme on la déjà fait observer, peut être élevée au triple, personne dans cette contrée ne devant résister au besoin d'avoir des eaux quand elles seront à portée ;

3°. Enfin, quant aux 5,000 bastides qu'on présume devoir faire des demandes, et quant aux 278 usines qui pourront être construites sur le canal, les évaluations données de leur produit probable ont été calculées sur leur grande utilité, sur leur nécessité même, pourrait-on dire. Mais on sent l'impossibilité d'avoir des garanties positives quant à ces derniers articles, tant à l'égard de la quantité d'eau demandée qu'à l'égard du prix auquel les propriétaires consentiront à l'acheter. Quel moyen y aurait-il de décider plusieurs milliers de propriétaires à se lier d'avance sur la simple promesse d'un canal que la plupart d'entre eux croient *inachevable* et dont l'utilité ne sera complètement comprise par quelques - uns, que lorsqu'ils verront l'eau y circuler ?

« Mais, continue M. de Villeneuve, en diminuant d'un tiers les produits,
» pour aller au-devant de toutes les objections possibles, ce qui est assu-
» rément une large concession, il n'en sera pas moins démontré qu'on pla-
» cera ses capitaux à 10 pour 100 en devenant actionnaire du canal de Pro-
» vence, tel que le projet en a été conçu et rédigé par M. Garella. »

Certes, c'est là un assez bel avantage, et il y a lieu d'espérer que les compagnies ne manqueront pas, quand le tems sera venu de mettre la main à l'œuvre. Depuis que M. de Villeneuve a publié la circulaire d'où nous avons extrait tous les résultats que nous venons de rapporter, le conseil des ponts et chaussées a adopté les plans et devis dressés par M. Garella; il reste encore à faire sanctionner le projet par une loi, et déjà cependant on a lieu de croire que des Actionnaires se réuniraient, soit à Paris, soit à Genève ; mais *c'est aux Marseillais qu'il appartient de commencer et de former au moins le noyau de la Compagnie.* C'est Marseille qui doit se ressentir des avantages du canal ; c'est elle qui peut le mieux les apprécier, et si d'autres que des Marseillais fournissent de l'argent, il faut au moins qu'ils soient assurés que *sur les lieux il y aura aussi des intéressés qui veilleront à faire prospérer l'œuvre commune.*

Quoi qu'il en soit de l'achèvement de ce beau monument, et tout en espérant qu'il sera mené à bonne fin, dès à présent des éloges sont dus à M. de

Villeneuve pour le zèle qu'il a mis à redonner vie à un projet le plus utile qui jamais ait été offert au pays qu'il administre, pour sa persévérance à faire exécuter tous les travaux préparatoires, enfin pour la bonne foi avec laquelle il expose dans sa circulaire, à côté des avantages que promet le canal, les difficultés auxquelles devront s'attendre les hommes qui se chargeront de son exé-cution. Il est rarement donné à l'homme de pouvoir seul tout ce qu'il conçoit d'utile, et de réaliser tout le bien qu'il souhaite. Quelque élevé qu'il soit, sa puissance d'action a des limites peu éloignées. Qu'il fasse ce qui lui est possible, voilà ce que la conscience demande, ce dont elle se contente, ce qu'elle récompense. Voilà ce que M. de Villeneuve a fait.

« J'ignore, dit-il, en finissant, s'il me sera donné de voir l'exécution du
» canal de Provence; mais il constera toujours de mes vœux et de mes efforts.
» Si la prompte réalisation en était retardée, c'est qu'il se présenterait des ob-
» tacles plus puissans que toutes les démarches possibles, ou de nature à
» n'être pas à l'instant surmontés. Dans tous les cas, on trouvera désormais
» réunis les documens les plus positifs et les plus précieux pour commencer les
» travaux dès qu'une compagnie sera formée, et que la concession en aura été
» consentie : résultat qui comblerait mes vœux les plus ardens. Mais s'il en
» était autrement, une sorte de satisfaction me resterait en pensant que c'est
» pendant mon administration qu'ont été préparés les plans et les devis d'un
» projet éminemment utile, d'un projet que tant de générations ont désiré de
» voir réaliser, et qui pourra toujours être mis à exécution dès que les circon-
» constances deviendront favorables. »

Ajoutons qu'il restera aussi à M. de Villeneuve la reconnaissance des Pro-
vençaux.

A. F.

(12) La Compagnie avait évalué sa DÉPENSE d'après les prix fixés par les architectes qu'elle avait consultés. Mais il lui importait de savoir d'une manière certaine :

1°. Si elle pourrait faire exécuter moyennant les prix qui venaient d'être fixés ;

2°. Si elle pouvait espérer que tous les travaux qu'elle avait à faire, pour-raient avoir lieu avec la célérité et l'ensemble que nécessitait l'intérêt de l'opé-ration et dans le délai qu'elle s'était imparti pour ne point avoir à payer, pendant un tems indéfini, les intérêts d'un FONDS dont elle avait voulu s'as-surer avant de rien commencer.

A cet effet, dans le courant de septembre et octobre derniers, des avis ont été adressés à MM. *les Entrepreneurs de bâtimens, Maîtres Serruriers, Couvreurs, Charpentiers, Menuisiers, Vitriers, Marbriers, Plombiers, Hydrauliciens, etc.*, etc., et généralement à tous ceux dont la profession est relative aux bâtimens, et qui voudraient prendre part auxdits travaux, en leur donnant connaissance que la Société avait décidé que les *travaux et fournitures* de tous genres que nécessitait l'exécution de l'entreprise, ne seraient pas mis *en adjudication au rabais*, mais que tous lesdits travaux et fournitures se feraient par suite des *marchés* passés entre la Compagnie et les entrepreneurs; qu'enfin les PROPOSITIONS de ceux qui voudraient prendre part à l'entreprise devraient être déposées avant le 15 novembre 1827, chez M. A. LECLERC, architecte, à Paris, rue Hauteville, n° 2.

D'après les OFFRES qui ont été faites jusqu'à ce jour par les entrepreneurs les plus solvables et les plus dignes de confiance sous tous les rapports, la Compagnie ne saurait plus avoir aucun doute sur deux objets qu'il lui importait le plus de connaître, et dont, en quelque sorte, dépend le sort de l'entreprise. Il est possible maintenant de justifier que tous les travaux à exécuter, non-seulement pourront être conduits avec tout l'ensemble et toute la célérité désirables sur tous les points de l'entreprise, mais encore que les prix fixés par MM. les Architectes, et d'après lesquels la DÉPENSE de l'opération a été calculée, avaient été portés à leur juste valeur dans le véritable intérêt de la Compagnie et des entrepreneurs.

STATUTS

DE LA COMPAGNIE DE LA RUE DE BOURBON, A ORLÉANS.

Pardevant M^{es}
notaires à Paris,

Furent présens :

1°. M. N.

2°. M. N.

3°. M. N.

etc. , etc.

Lesquels, après avoir entendu le rapport de MM. les Commissaires dénommés dans l'ordonnance royale du 16 septembre 1825 ;

Le rapport de la nouvelle Commission nommée pour faire l'examen du travail préparatoire et de toutes les pièces, plans, devis, concernant l'entreprise, et déposés sur le bureau pour être communiqués à toutes les parties intéressées ;

Et avoir délibéré en assemblée générale :

Ont, par ces présentes, et toutefois sous la condition du TRAITÉ ci-après énoncé, formé, pour les objets ultérieurement déterminés, une SOCIÉTÉ devant exister entre lesdits comparans et ceux qui, par la suite, deviendront ACTIONNAIRES de ladite Compagnie et pour lesquels le présent ACTE deviendra obligatoire, comme s'ils y avaient figuré par leurs signatures.

ARTICLE PREMIER.

Nature.

La Compagnie de la rue de Bourbon est une Société anonime par actions.

ART. 2.

Objet.

La Compagnie est établie à l'effet de faire exécuter LE PROJET D'UNE NOUVELLE RUE ET D'UNE NOUVELLE PLACE A ORLÉANS, dites rue de Bourbon et place Sainte-Croix, approuvé par ORDONNANCE ROYALE du 16 septembre 1825, laquelle autorise la ville d'Orléans à TRAITER avec la Compagnie, conformément à la délibération du Conseil municipal, en date du 6 avril 1825 et à lui faire les concessions de terrain et autres énoncées dans ladite ordonnance royale.

En conséquence elle a pour objet :

1°. D'acquérir POUR CAUSE D'UTILITÉ PUBLIQUE, par suite du TRAITÉ qui interviendra avec la ville d'Orléans, aux termes de l'ordonnance royale sus-énoncée et des autres traités et actes subséquens qui s'y rattacheront, toutes les maisons situées dans l'ouverture de la rue de Bourbon et de la place Sainte-Croix ;

2°. D'acquérir de GRÉ A GRÉ les terrains et emplacemens nécessaires pour construire les nouvelles maisons de la rue de Bourbon et de la place Sainte-Croix.

Toutes ces diverses acquisitions sont évaluées dans l'état fourni par les autorités locales, devoir s'élever à environ 1,200,000 francs.

3°. Les constructions à faire sur les terrains acquis ou concédés par la ville, et qui, après le fournissement de ceux destinés à l'assiette de la rue et à l'agrandissement de la place, resteront la propriété sociale ; ainsi que les réparations, façades et embellissemens à faire aux bâtimens conservés ;

4°. Enfin, la location, vente, revente de tous les bâtimens, constructions et terrains en dépendant et généralement tous les travaux et opérations qui devront être le résultat de l'entreprise.

ART. 3.

Le capital social est de 4,000,000 fr.

Capital Social.

Le capital social est employé,

Son Emploi.

1°. A acquitter aux propriétaires dont les maisons et terrains sont situés dans l'emplacement destiné à l'ouverture de la rue et de la place, le montant des indemnités à eux dues, pour raison de leur dépossession ;

2°. A payer le prix des acquisitions à faire, pour avoir les emplacemens nécessaires à la construction des maisons, hôtels et bâtimens, devant border la nouvelle rue et la nouvelle place ;

3°. A payer les constructions, réparations, embellissemens, etc., objet de la présente entreprise. Il sera décidé dans le plus bref délai, si ces différentes constructions, réparations, embellissemens, etc., seront mis en adjudication, par série des prix et par lots, ou si l'adjudication en sera faite à un seul entrepreneur, présentant les garanties convenables ;

4°. A servir jusqu'aux premières rentrées de fonds provenant des locations ou ventes, l'intérêt des fonds versés par les Actionnaires ;

5°. Enfin, à pourvoir pendant le même tems, aux diverses dépenses de la Compagnie.

Divisé en 4,000 actions immobilières.

Le capital social de 4,000,000 francs, est divisé en 4,000 ACTIONS IMMOBILIÈRES, nominatives ou au porteur, de chacune 1,000 fr.

Tous les porteurs d'actions exercent concurremment le même droit dans le prix provenant de la vente des immeubles et de leurs revenus, sans aucune distinction de la date de l'émission de l'action.

Produit, intérêt à 5 pour 100.

Il produit intérêt à 5 pour cent l'an, sans retenue, à partir de chaque versement, et payable aux porteurs d'actions, les 1er Juin et 1er Décembre de chaque année.

Garanti par les immeubles de la Compagnie.

Il est spécialement garanti par les maisons, hôtels, constructions, terrains, etc., appartenans à la Compagnie, tant ceux acquis par elle, que ceux qu'elle aura fait construire, ou qui lui auront été concédés par la ville d'Orléans. Tous les bâtimens appartenans à la Compagnie seront assurés contre l'incendie.

Remboursé sur le prix de la vente des immeubles, ledit prix formant le fonds d'amortissement.

Le remboursement dudit capital social, s'opère au moyen de la vente des immeubles de la Compagnie, aux époques et de la manière qui seront déterminées par le Conseil-directeur et les Commissaires. Le prix à en provenir, au fur et à mesure qu'il est versé, forme le FONDS D'AMORTISSEMENT uniquement et spécialement destiné au rachat du capital social, et qui ne pourra jamais être, sous quelque prétexte que ce soit, détourné de cet emploi.

LE FONDS D'AMORTISSEMENT, ainsi formé, sera sous la surveillance des CENSEURS qui seront toujours consultés par le Conseil-directeur, sur le mode à suivre pour arriver à l'extinction partielle et successive dudit capital social.

Tous les fonds appartenans à la Société, à quelque titre que ce soit, sont versés entre les mains de MM. Vassal et Compagnie, banquiers de la Société, seuls chargés de faire à Paris les paiemens qui la concerne.

Le versement du prix des actions se fait par quart; savoir: le premier quart dans le mois qui suit la réalisation du traité avec la ville d'Orléans; le second, trois mois après; les troisième et quatrième, lorsque le CONSEIL-DIRECTEUR, d'après les besoins de la Compagnie, jugé nécessaire de les demander, en prévenant les Actionnaires un mois à l'avance. Néanmoins, les époques de versement pourront toujours être anticipées par les Actionnaires, et le paiement opéré en une seule fois.

Les actions sont extraites d'un registre à souche, signées par le banquier, un Commissaire et un Censeur : elles sont frappées d'un timbre sec. Elles sont délivrées aussitôt le versement du premier quart, et elles en porteront quittance; le paiement des trois autres quarts sera constaté au dos desdites actions.

Le banquier fera opérer à Orléans tous les paiemens que les parties intéressées pourront vouloir y recevoir.

Tout ce qui, après que le remboursement dudit capital social aura été effectué, existera dans l'actif de la Compagnie, sera porté en bénéfices et partagé ainsi qu'il sera dit ci-après.

Des quatre mille actions formant le capital social CENT seront immédiatement distraites; ces cent actions sont destinées à rémunérer les différentes personnes qui ont été employées aux travaux préparatoires de l'entreprise et à la formation de la Société, depuis le mois de février 1824, époque de la création de l'entreprise, jusqu'à ce jour. Dans l'attribution de ces actions, ne sont pas compris les frais de GESTION jusqu'à ce jour, ni ceux d'impressions, lithographies de plans, été. Ces frais seront acquittés immédiatement par le banquier.

5

Il sera pourvu au remplacement desdites cent actions, dans le montant du capital social, de la manière ci-après énoncée.

Chaque Actionnaire ne s'engage que jusqu'à concurrence de la mise de fonds, et aucun appel de nouveaux fonds ne pourra être exercé sur lui.

ART. 4.

Administration

L'EXÉCUTION du projet et l'ADMINISTRATION de toutes les affaires de la Compagnie est confiée à un CONSEIL-DIRECTEUR placé sous la protection immédiate des AUTORITÉS LOCALES.

UN COMITÉ CONSULTATIF, est appelé à donner son avis sur tout ce qui a rapport à l'exécution du projet.

Des COMMISSAIRES GÉNÉRAUX surveillent toutes les affaires de la Compagnie et sont spécialement chargés de faire exécuter les STATUTS et réglemens.

Des CENSEURS vérifient tout ce qui concerne la comptabilité et peuvent, toutes les fois qu'ils le désirent, prendre connaissance de l'état de la caisse et des livres de la Société.

Un SECRÉTAIRE-GÉNÉRAL-ARCHIVISTE préside à l'ordre du travail des bureaux et assiste aux délibérations tenues par le Conseil-directeur, les Commissaires ou les Censeurs.

Un AGENT A ORLÉANS est chargé d'y suivre l'exécution des traités avec la ville et les particuliers, ainsi que de tout ce qui intéresse la Compagnie.

Les comptes de la Compagnie sont rendus deux fois par an en assemblée générale des Actionnaires.

Un GRAND CONSEIL prononce souverainement sur les affaires qui lui sont renvoyées par les Commissaires ou les Censeurs.

ART. 5.

Les deux PRÉSIDENS du Conseil-directeur sont nommés pour toute la durée de la Société et représentent la Compagnie vis-à-vis des tiers.

Du Conseil-direc-
teur.

Le Conseil-directeur se compose de douze ADMINISTRATEURS HONO-RAIRES et de douze ADMINISTRATEURS EN EXERCICE.

Tous les membres du CONSEIL-DIRECTEUR sont pris parmi les Actionnaires, porteurs d'au moins vingt actions. La durée de leurs fonctions est de trois ans. Ils peuvent être réélus.

Ils ne reçoivent pas de traitement; mais ils ont droit à des jetons de présence et à une part dans les bénéfices.

Le PRÉSIDENT (en exercice) est seul chargé de mettre à exécution toutes les délibérations prises par le Conseil-directeur, ou par l'assemblée générale des Actionnaires. En cas d'absence ou d'empêchement, il peut se faire représenter par un autre administrateur.

Le Conseil-directeur fait parvenir tous les mois aux Commissaires les états sommaires des acquisitions, ventes, baux, marchés, transactions, etc., faits par la Compagnie.

Il transmet tous les trois mois aux Censeurs les états des recettes et dépenses.

Il dresse, tous les six mois, conjointement avec le banquier et le secrétaire général, et quinze jours au moins avant la tenue des assemblées générales, l'inventaire de la Compagnie.

Les membres du Conseil-directeur ne contractent aucune obligation personnelle à raison de leur gestion.

Est nommé PRÉSIDENT HONORAIRE M.

Est nommé PRÉSIDENT EN EXERCICE M. R. Vassal, banquier à Paris, chevalier de la Légion - d'Honneur, ancien président du Tribunal de commerce de la Seine, etc.

Sont nommés Administrateurs honoraires MM.

Sont nommés Administrateurs en exercice MM.

ART. 6.

Du Comité consultatif.

Le COMITÉ CONSULTATIF est divisé en deux sections.

L'une, dite d'*examen*, donne son avis sur les réclamations et observations qui pourront être faites concernant l'entreprise, soit par les propriétaires actuels, soit par des tiers.

L'autre, dite d'*architecture*, sous la présidence de l'architecte de la Compagnie, donne son avis sur les plans à adopter, et le choix des édifices à placer dans la nouvelle rue, etc.

Les fonctions de membres du Comité consultatif sont gratuites; ils reçoivent des jetons de présence lorsqu'ils assistent au grand conseil, ou qu'ils sont chargés de rapports par le Conseil-directeur.

Les Commissaires et les Censeurs qui auront cessé d'être en exercice, seront de droit membres du Comité consultatif.

Sont membres du Comité consultatif :

A Paris, MM.

A Orléans, MM.

ART. 7.

Des Commissaires.

Les Commissaires sont choisis parmi les Actionnaires porteurs d'au moins dix actions, et pris, savoir : sept parmi les Actionnaires résidans à Paris ou dans le département de la Seine, et trois parmi les Actionnaires, résidans à Orléans ou dans le département du Loiret.

Les Commissaires sont nommés pour trois ans, ils peuvent être réélus, leurs fonctions sont gratuites ; mais ils ont droit à des jetons de présence.

Les Commissaires se réunissent une fois par mois, à moins que l'intérêt des affaires de la Compagnie n'exige qu'ils se réunissent plus souvent, ce qui sera décidé par délibération du Conseil-directeur. Ceux résidans à Paris se réunissent dans le local de la Société. Le secrétaire général présente toutes les pièces transmises par le Conseil-directeur, ou autres qui pourraient être requises.

Les Commissaires et les Censeurs résidans à Orléans se réunissent dans les bureaux de l'agent, qui dresse procès-verbal desdites séances, et fait la distribution des jetons. Lorsque les membres de la Commission nommée par le conseil municipal, conformément au vœu exprimé dans l'art. 23 des présens statuts, assisteront auxdites séances, il leur sera offert un jeton de présence, comme aux Commissaires et aux Censeurs.

Dans le cas où quelques actes ou quelques opérations du Conseil-directeur ne paraîtraient pas régulièrement faites, ou conformes aux statuts et règlemens de la Compagnie, les Commissaires, après en avoir délibéré entre eux, le secrétaire général présent et entendu, sont tenus d'en donner avis au grand Conseil.

Sont nommés Commissaires,

A Paris,

A Orléans,

ART. 8.

Les Censeurs sont choisis parmi les Actionnaires porteurs de dix actions, et pris, savoir : sept parmi les Actionnaires résidans à Paris ou dans le département de la Seine, et trois parmi les Actionnaires résidans à Orléans ou dans le département du Loiret.

Des Censeurs.

Ils sont nommés pour trois ans ; ils peuvent être réélus ; leurs fonctions sont gratuites, mais ils ont droit à des jetons de présence.

Les Censeurs se réunissent une fois tous les trois mois, à moins que l'intérêt des affaires de la Compagnie n'exige qu'ils se réunissent plus souvent, ce qui sera décidé par délibération du Conseil-directeur. Ceux résidans à Paris, se réunissent dans le local de la Société ; le secrétaire général présente toutes les pièces à l'appui de l'état trimestriel transmis par le Conseil-directeur, ainsi que toutes les autres pièces qui pourraient être requises.

S'ils reconnaissent quelques abus dans la comptabilité, ou que le fonds social ou le fonds d'amortissement soient détournés de leur emploi spécial, ils en donnent immédiatement avis au grand Conseil.

Sont nommés Censeurs :

A Paris, M.

A Orléans,

ART. 9.

Du Secrétaire général Archiviste.

Le Secrétaire général archiviste a voix délibérative dans le Conseil-directeur.

Il assiste aux séances des Commissaires et des Censeurs, mais avec voix consultative seulement et fait la distribution des jetons de présence.

Il présente aux membres du Comité consultatif et du conseil judiciaire, toutes les questions sur lesquelles ils sont appelés à donner leur avis.

Il remplit les fonctions de rapporteur dans toutes les affaires renvoyées au grand Conseil par les Commissaires ou les Censeurs.

Il fait dans les assemblées générales, un rapport sur les travaux de la Compagnie.

Le secrétaire général archiviste est nommé pour toute la durée de la Société. Il peut faire agréer un secrétaire adjoint, qui partage avec lui ses fonctions et le remplace en cas d'absence ou d'empêchement.

Est nommé Secrétaire-archiviste, M.

ART. 10.

L'Agent de la Compagnie à Orléans est nommé et révocable par le Conseil-directeur.

Du l'Agent à Orléans.

Il est chargé de faire exécuter à Orléans les délibérations du Conseil-directeur transmises par le Président (en exercice); de suivre l'exécution des traités avec les autorités locales et avec les particuliers; de surveiller les travaux de construction, la location des immeubles et généralement de tout ce qui concerne l'intérêt de la Compagnie.

Il est spécialement autorisé à entendre ou à proposer tous les arrangemens qu'il jugera convenables avec les propriétaires actuels, tant par rapport aux servitudes actives ou passives, que par rapport aux constructions à élever; lesquelles constructions pourront être faites en partie ou en totalité, soit aux frais de la Compagnie, sur le terrain qui aura été préalablement estimé des propriétaires riverains, soit aux frais des propriétaires riverains sur le terrain aussi préalablement estimé de la Compagnie; le tout ainsi qu'il sera réglé à l'amiable, et de concert dans l'intérêt respectif des parties contractantes.

Est nommé Agent à Orléans, M.

ART. 11.

De l'Architecte.

L'Architecte de la Compagnie est tenu de résider à Orléans. Tous les plans et devis sont dressés par lui.

Ils sont exécutés sous sa direction immédiate, après avoir reçu l'approbation du Conseil-directeur.

Près le Conseil-directeur, à Paris, est un Architecte-adjoint.

Est nommé Architecte de la Compagnie, à Orléans, M.

Est nommé Architecte-adjoint, à Paris, M.

ART. 12.

Commissaire du Roi.

Un Commissaire du Roi surveille l'exécution des Statuts; son traitement fait partie des frais d'administration.

ART. 13.

Conseil de Jurisprudence.

La Compagnie de la rue de Bourbon a un Conseil de jurisprudence appelé à donner son avis sur les actes et affaires contentieuses, au sujet desquels le Conseil-directeur le consultera dans le but d'éviter ou de soutenir des procès.

Les actions seront exercées ou suivies à la requête de la Compagnie de la rue de Bourbon, poursuite et diligence de M. R. Vassal, président en exercice du Conseil-directeur.

Sont membres du Conseil de jurisprudence :

A Paris,

MM. Routhier, Deloches, avocats à la Cour de Cassation.

MM. Billecoq, Collin, Tripier, Juge , Armet (d'Orléans) , Maca-
rel (*idem*) ,avocats consultans ;

MM. Dupin aîné, Berryer fils , J. Persin (d'Orléans), avocats
plaidans ;

MM. Blet , Labrouste , avoués à la Cour royale ;

MM. Mitoufflet (d'Orléans), Hocmelle jeune, avoués au tribunal
de première instance.

A Orléans :

MM.

ART. 14.

Le grand Conseil se compose de tous les Administrateurs hono-
raires et en exercice , du banquier, des Commissaires , des Censeurs, du Secrétaire-archiviste faisant les fonctions de rapporteur,
de l'Agent à Orléans, de l'Architecte et de l'Architecte-adjoint, et
des dix plus forts Actionnaires, *avec voix délibérative ;* des membres du Conseil judiciaire, et des notaires de la Compagnie , *avec
voix consultative.*

Les délibérations sont prises à la majorité des voix : elles sont
transcrites sur un registre.

Le grand Conseil arrête les règlemens et vote les dépenses admi-
nistratives, statue sur toutes les affaires qui lui sont renvoyées par
les Commissaires ou les Censeurs, prononce pour cause légitime la
révocation des fonctionnaires nommés pour la durée de la Compagnie et pourvoit à leur remplacement jusqu'à la première assemblée générale.

Le grand Conseil ne peut délibérer sur les affaires de la Compagnie dont la connaissance est dévolue au Conseil-directeur ou à
l'assemblée générale. Il ne peut , en aucune manière et sous aucun

Du Grand Conseil et des Assemblées générales.

6

prétexte, arrêter ou entraver l'exécution des délibérations appartenante exclusivement au Président en exercice.

Il y a deux assemblées générales chaque année. Elles sont présidées par le Président honoraire ; le Président en exercice remplit les fonctions de Vice-Président. Les dix plus forts Actionnaires nomment le Secrétaire.

L'une a lieu dans la première quinzaine de juin ; elle se tient à Orléans.

L'autre a lieu dans le mois de décembre ; elle se tient à Paris.

Le jour et l'heure auxquels se tiennent les assemblées sont indiqués par insertions dans les journaux judiciaires de Paris et d'Orléans.

Les assemblées générales sont composées de tous les Actionnaires propriétaires de quinze actions, et les possédant depuis au moins six mois.

Les Actionnaires ne peuvent s'y faire représenter que par un Actionnaire ayant lui-même voix délibérative.

Les Actionnaires ayant voix délibérative, qui veulent assister aux assemblées générales, sont tenus, quinze jours avant celui de l'assemblée, de déposer leurs actions dans les bureaux de l'administration, à Paris ou à Orléans. Il leur en sera délivré récépissé. Ce récépissé servira de titre d'admission. Immédiatement après la clôture des assemblées, les actions seront rendues.

Les assemblées générales ont pour objet d'entendre :

1º. Le compte rendu aux Actionnaires, par le Conseil directeur, des opérations de la Compagnie et de leur résultat, ainsi que de faire connaître la situation financière de la Compagnie, d'après le compte qui sera remis par le banquier ;

2º. Le rapport des Censeurs d'après les vérifications et examen qu'ils auront fait du compte rendu ;

3°. Le rapport du Secrétaire général sur l'ensemble des travaux de la Compagnie. Ce rapport est rendu public ;

4°. De procéder aux nominations dans les places vacantes ;

5°. De proposer toutes les améliorations que les Actionnaires jugeront convenable de soumettre à l'examen du grand Conseil ;

6°. De déterminer la part allouée aux membres du Conseil directeur dans les bénéfices de l'entreprise. Cette détermination ne sera valable que pour un an ;

7°. De fixer, d'après le rapport et l'avis des Censeurs, la retenue à faire sur les bénéfices pour former le fonds de réserve et d'établir le dividende à revenir à chaque Actionnaire, outre l'intérêt à 5 pour 100 par lui perçu.

Elles prennent sur le tout telles délibérations qu'elles croient devoir prendre ; et la majorité des Actionnaires présens suffit pour former la délibération.

Il n'y aura lieu à la répartition des bénéfices qu'après que le capital social aura été complété et porté réellement à la somme de 4,000,000 fr., et qu'il aura été ainsi fourni au remplacement du prix de cent actions qui en auront été distraites, ainsi qu'il a été dit en l'article 3.

ART. 15.

Il sera pris sur les fonds de réserve et également avant partage des bénéfices, la somme nécessaire pour fonder à Orléans UN ÉTABLISSEMENT DE BIENFAISANCE destiné à perpétuer le souvenir de l'ordonnance royale du 16 septembre 1825 et de l'administration sous laquelle elle a été rendue. Les noms des FONDATEURS y seront inscrits.

Fondation à Orléans d'un Établissement de bienfaisance.

ART. 16.

Afin de reconnaître le zèle des Actionnaires qui se sont empressés d'être utiles à l'entreprise de la rue de Bourbon, dès sa naissance, et sont parvenus par leurs efforts et leur honorable persévérance, à aplanir les difficultés que présentait son exécution, le titre de

Droits et Priviléges des Actionnaires fondateurs.

FONDATEUR , et les droits et priviléges y attachés appartiendront uniquement à ceux qui auront comparu en personne ou par un fondé de pouvoirs , *à l'acte constitutif de la Compagnie ,* suivant qu'il en sera itérativement donné avis à tous les Souscripteurs , par insertions dans les journaux judiciaires de Paris et d'Orléans , et par lettres à domicile.

Les droits et priviléges des Fondateurs consistent notamment ;

A recevoir la médaille d'argent dite de *Fondateur;*

A pouvoir être nommés membres du Conseil directeur, Commissaires ou Censeurs, et avoir toujours entrée et voix délibérative dans les assemblées générales , quel que soit le nombre d'actions dont ils soient porteurs ;

A proposer au Conseil-directeur, à Paris , et à l'Agent , à Orléans , les personnes qui de préférence seront employées aux divers travaux de l'entreprise, qui n'auront pas été mis en adjudication ;

A être appelés à délibérer sur la fondation à Orléans , de l'établissement de bienfaisance destiné à perpétuer le souvenir de l'ordonnance royale du 16 septembre 1825, et où les noms des Fondateurs doivent être INSCRITS.

Tous ces droits sont personnels et ne peuvent être transmis.

ART. 17.

Domicile de la Société.

Le siége principal de la Société et son domicile sont fixés à Paris.

ART. 18.

Durée de la Société.

La durée de la Société est du tems nécessaire pour réaliser d'une manière utile aux intérêts des Associés l'entreprise qui fait l'objet de la présente Association. Ce tems est évalué à environ sept ans, à partir du jour du TRAITÉ avec la ville d'Orléans. Ce délai pourra être étendu ou diminué suivant ce qu'exigera l'intérêt de la Compagnie , ce qui sera décidé en grand Conseil.

ART. 19.

Les acquéreurs des maisons et terrains de la Compagnie seront admis à payer le tout ou partie de leurs acquisitions avec des actions de la Compagnie, qui les prendra chacune pour leur valeur nominale.

Paiement des Immeubles vendus par la Compagnie en ses actions.

ART. 20.

Après la construction de la rue de Bourbon et de la place Sainte-Croix, objet de la présente Compagnie, il sera décidé en grand Conseil de quelle manière et dans quel délai se fera la vente des immeubles se trouvant alors appartenir à la Compagnie.

Liquidation de la Société.

La cessation de la Société ayant lieu soit à son terme ci-dessus approximativement fixé, soit avant, si toutes les maisons de la Société viennent à être vendues dans un délai plus court, il sera aussitôt procédé à la liquidation.

Cette liquidation sera faite par les notaires de la Compagnie, à Paris et à Orléans, et à la diligence et aux soins du Président (en exercice) du Secrétaire général archiviste, d'un Commissaire et d'un Censeur qui continueront à rester en fonction jusqu'à la fin de la liquidation.

ART. 21.

Pour tous les cas non prévus par les statuts et les règlemens, il sera pris par le Conseil-directeur ou par le Président en exercice, telles décisions qu'ils croiront le plus conforme à l'esprit des *Statuts* et à l'intérêt des Actionnaires.

Dispositions générales.

ART. 22.

Le Président (en exercice) est autorisé à se pourvoir devant M. le Préfet du département de la Seine et les autorités supérieures pour parvenir à l'homologation des présens Statuts, et fournir toutes les justifications ordonnées par le Code de commerce et les instructions ministérielles.

ART. 23.

Une entreprise de la nature de celle dont il s'agit pouvant présenter, dans les détails de son exécution, des difficultés que pourraient encore accroître des résistances calculées sur l'intérêt privé ou d'autres motifs qu'on ne saurait prévoir, la Compagnie se place sous la foi des Orléanais et la protection du conseil municipal d'Orléans.

L'intérêt de la Compagnie demandant que l'exécution du projet se fasse avec le plus d'économie possible et le vœu du public s'étant depuis long-tems prononcé pour que la rue de Bourbon et la place qui doit la terminer, soient une construction monumentale et en harmonie avec l'église cathédrale de Sainte-Croix, la Compagnie croit pouvoir espérer que la députation du Loiret voudra bien appuyer la demande qu'elle charge les Présidens du Conseil-directeur de présenter immédiatement, afin de solliciter de la munificence royale et de la bienveillance de nos Princes tout ce qui pourra contribuer à rendre l'exécution d'un projet aussi éminemment utile, digne de l'attente générale et capable de produire tout le bien qu'en espère la nombreuse population orléanaise.

Enfin, la Compagnie exprime le désir que les autorités locales, pour achever ce qu'elles ont commencé, veuillent bien, dans le plus bref délai possible, choisir parmi MM. les membres du Conseil municipal et les autres habitans d'Orléans, une Commission qui sera chargée spécialement de surveiller, dans les intérêts mêmes de la ville, tout ce qui a rapport à l'exécution du projet et d'éclairer la Compagnie de ses lumières, et qui, en cas de difficultés survenues dans le cours des travaux, deviendrait l'arbitre né entre la Compagnie et les parties réclamantes.

De l'Imprimerie de A. HENRY, rue Git-le-Cœur, n° 8.

ENTREPRISE

DE

La Rue de Bourbon, à Orléans,

ORGANISATION DE LA COMPAGNIE.

Prospectus.

Concourir à l'embellissement et à la prospérité d'une des principales villes du royaume, favoriser les progrès des arts et de l'industrie dans un des départemens les plus fertiles de la France ; offrir aux Capitalistes un emploi sûr et avantageux de leurs fonds, tel est le but de la Compagnie qui a pour objet la CONSTRUCTION DE LA RUE DE BOURBON ET DE LA PLACE SAINTE-CROIX A ORLÉANS.

La construction de la rue de Bourbon et de la place Sainte-Croix, dans un développement de neuf cents mètres environ de façades, était désirée depuis long-tems. L'achèvement de la cathédrale qui se fait aux frais du Gouvernement et le besoin généralement senti à Orléans d'y avoir des maisons commodes et d'un goût moderne que réclament également et les habitans de la ville et tous les étrangers qui s'y rendent chaque année, ne permettaient plus de différer davantage l'exécution d'un projet, complément de nombreux embellissemens que cette riche cité vient de recevoir.

Par Ordonnance royale du 16 septembre 1825, la ville d'Orléans a fait déclarer l'ouverture IMMÉDIATE de la rue de Bourbon et de la place Sainte-Croix D'UTILITÉ PUBLIQUE, et a été, en conséquence, autorisée à TRAITER avec la Compagnie formée à Paris pour la construction des travaux. Les nouvelles recherches faites depuis l'obtention de l'Ordonnance royale, approbative du Projet, n'ayant plus laissé de doute sur la possibilité d'atteindre avec succès le but que se proposaient les AUTORITÉS LOCALES en concevant cette grande entreprise et les Actionnaires en se chargeant de l'exécuter, la Compagnie vient de s'organiser et d'arrêter ses STATUTS. La réalisation de l'Acte social aura lieu en ASSEMBLÉE GÉNÉ-

RALE tenue à cet effet. Les Actionnaires seront prévenus du jour et du lieu de l'Assemblée par lettres à domicile. Toutes les dispositions sont prises pour que la présentation du TRAITÉ à la ville d'Orléans suive immédiatement la constitution de la Compagnie.

Les maisons de la rue de Bourbon et de la place Sainte-Croix seront disposées de manière que le rez-de-chaussée soit occupé par des boutiques et des magasins ; les premier et deuxième étages par les personnes de la classe aisée et les étrangers : la plupart de ces maisons auront écuries et remises. L'eau de la Loire sera conduite par des tuyaux, non-seulement dans toutes les maisons, mais dans tous les appartemens et à tous les étages (1).

Il résulte d'un travail dont on ne saurait contester l'authenticité, que le produit des maisons de la rue Royale (la principale rue d'Orléans) est de 11 fr. par mètre carré. Cependant ces maisons, quoique dans le plus beau quartier de la ville, sont en général d'une distribution peu commode, n'ont aucune profondeur, souvent point de cour et il est presque impossible d'y loger plusieurs familles.

Les maisons de la rue de Bourbon et de la Place Sainte-Croix donneront un produit bien supérieur.

Située au centre de la ville, offrant pour perspective le beau portail de la cathédrale, débouchant dans la rue Royale, conduisant à la Préfecture, à l'Hôtel-de-Ville, à la salle de spectacle, à la halle aux grains, terminée par une place aussi élégante que spacieuse, la rue de Bourbon deviendra bientôt le quartier le plus fréquenté ; les établissemens publics s'y porteront en foule : le voisinage du Palais-de-Justice, construit depuis peu de tems, de la Bourse qu'on doit y élever, tout en fera le rendez-vous des étrangers, le centre de toutes les affaires : enfin, la stabilité nécessaire aux établissemens de commerce, rendant presque toujours indispensable l'acquisition des maisons où ils sont situés, et le prix des ventes se basant alors non-seulement sur le produit des loyers, mais encore sur les avantages de la stabilité, il est hors de doute que la Compagnie retirera un prix élevé de la vente de ses maisons dont plusieurs vont se construire sur les plans fournis par les Acquéreurs eux-mêmes, et que la valeur de ces immeubles ne pourra que s'accroître avec le tems.

La dépense à faire pour donner à l'entreprise tout le développement nécessaire, est estimée devoir s'élever à environ 4 millions.

La recette à espérer, calculée sur des bases certaines, donne l'assurance d'un

---

(1) L'entreprise des eaux de la Loire et leur distribution dans les différens quartiers de la ville où il n'existe aucune fontaine et où l'on ne boit qu'une eau de puits mal saine, est une opération distincte et séparée.

résultat assez avantageux pour que la Compagnie puisse payer un intérèt à 5 pour 100 aux Actionnaires, non compris le dividende qui pourra leur revenir.

La nature de cette spéculation qui a pour objet l'acquisition, mise en valeur, ou réparation de propriétés foncières qui deviennent une garantie immobilière pour les Actionnaires, la protection spéciale que n'ont cessé de lui accorder le Gouvernement et les Autorités locales, la facilité de rentrer à chaque instant dans ses fonds par la transmission de ses Actions, exempte de toute espèce de formalité; le crédit dont ne peuvent manquer de jouir les Actions ainsi hypothéquées et toujours reçues pour leur valeur nominale en paiement des propriétés de la Société, tout assure à la Compagnie de la rue de Bourbon une faveur que lui ont déjà méritée la prudence et la sage prévoyance apportées dans toutes les recherches faites jusqu'à ce jour, relativement à tout ce qui a tenu à son organisation, et que ne peut que lui mériter de plus en plus le choix des personnes appelées à DIRIGER l'Entreprise, à SURVEILLER les opérations de la Compagnie et l'exécution des Statuts, et à maintenir l'emploi du CAPITAL SOCIAL et du FONDS D'AMORTISSEMENT dans ce qui forme leur véritable et unique destination.

La proximité de Paris, la commodité des arrivages ont permis à beaucoup d'Entrepreneurs de la capitale et autres d'entrer dans cette opération. Cette concurrence, jointe à la diminution du prix des matériaux et de la main-d'œuvre, donne la certitude d'une grande diminution dans la dépense des travaux, et dès lors fait espérer que, dans l'exécution du Projet si vivement désirée, et qui promet tant d'heureux résultats, tout pourra répondre à l'attente des Autorités locales, des Actionnaires et du public.

Les Plans et Devis sont déposés à Paris, chez M. A. LE CLERC, Architecte, rue Hauteville, n° 2, chez lequel on peut en prendre connaissance.

EXTRAIT des STATUTS de la Compagnie de la rue Bourbon, à Orléans.

La Compagnie de la rue de Bourbon est une Société anonyme par Actions. — Elle est régie par un CONSEIL-DIRECTEUR. — Le domicile de la Société est à Paris. — Il y a deux Assemblées générales des Actionnaires chaque année, l'une à Paris, l'autre à Orléans. — Le fonds social est de 4 millions de francs, divisé en 4,000 Actions de chacune 1,000 francs. — Le prix des actions est payable par quart; le premier quart se paie dans le mois, à partir du jour de la réalisation du Traité avec la ville d'Orléans. — Il n'y a pas de solidarité entre les Actionnaires. — Les Actions jouissent d'un intérêt de 5 p. % l'an, et ont droit, en outre, à une part dans les bénéfices. — Les Acquéreurs des maisons appartenant à la Compagnie, sont admis à payer le montant de leurs acquisitions en Actions de la Compagnie qui les prend pour leur valeur nominale. — Un Commissaire du Roi veille à l'exécution des Statuts de la Compagnie.

(3ᵉ TIRAGE. — 16 NOVEMBRE 1827.)

IMPRIMERIE DE A. HENRY, RUE GIT-LE-CŒUR, N. 8.

Adhésion

Aux Statuts de la Société, et Souscription d'Actions.

Je soussigné,

demeurant à   et faisant élection de domicile à

Paris, chez

Ayant pris connaissance 1° de l'Ordonnance royale du 16 septembre 1825, qui approuve le Projet de la rue de Bourbon et de la Place Sainte-Croix, et, en conséquence, autorise la ville d'Orléans à traiter avec la Compagnie formée pour l'exécution dudit Projet;

2°. Des plans, devis et documens fournis sur ladite Entreprise, et desquels il résulte que cette opération, outre les bénéfices éventuels qu'elle fait espérer, présenterait AU MOINS le remboursement intégral du capital qui y sera employé, et qui est évalué devoir s'élever à environ 4 millions de francs, et jusqu'à cette époque un intérêt à 5 p. % l'an;

3°. Enfin des Statuts qui précèdent :

Déclare adhérer aux Statuts de ladite Compagnie, et SOUSCRIRE pour   Actions de MILLE francs, payables par quart, conformément à l'article 3 desdits Statuts;

M'obligeant à réitérer la présente SOUSCRIPTION à la première Assemblée générale des Actionnaires, lors de la réalisation de l'Acte social par devant les Notaires de la Compagnie, à Paris.

A   le   1827

www.ingramcontent.com/pod-product-compliance
Lightning Source LLC
Chambersburg PA
CBHW071009280326
41934CB00009B/2236